Thorsten Polleit (Hrsg.)

Ludwig von Mises

Thorsten Polleit (Hrsg.)
mit Beiträgen von
Philipp Bagus | Hans-Hermann Hoppe | Jörg Guido Hülsmann

LUDWIG VON MISES

Leben und Werk für Einsteiger

FBV

Bibliografische Information der Deutschen Nationalbibliothek
Die Deutsche Nationalbibliothek verzeichnet diese Publikation in der Deutschen Nationalbibliografie. Detaillierte bibliografische Daten sind im Internet über **http://dnb.d-nb.de** abrufbar.

Für Fragen und Anregungen:
info@finanzbuchverlag.de

3. Auflage 2015

ein Imprint der Münchner Verlagsgruppe GmbH
Nymphenburger Straße 86
D-80636 München
Tel.: 089 651285-0
Fax: 089 652096

Lektorat: Ulrike Kroneck
Satz: Grafikstudio Foerster, Belgern
Druck: Konrad Triltsch GmbH, Ochsenfurt
Printed in Germany

ISBN Print 978-3-89879-824-2
ISBN E-Book (PDF) 978-3-86248-480-5
ISBN E-Book (EPUB, Mobi) 978-3-86248-481-2

Weitere Informationen zum Verlag finden Sie unter
www.finanzbuchverlag.de

Inhalt

Vorwort

Ludwig von Mises (1881–1973) verdient es, nicht nur als der herausragende Vertreter der Österreichischen Schule der Nationalökonomie genannt zu werden, sondern ihn auch als den wohl bedeutendsten Wirtschafts- und Gesellschaftstheoretiker des 20. Jahrhunderts zu würdigen. Seine vier (Haupt-)Werke begründen das: seine Habilitationsschrift *Theorie des Geldes und der Umlaufsmittel* (1912); das umfangreiche Werk *Gemeinwirtschaft, Untersuchungen über den Sozialismus* (1922); sein Magnum Opus *Nationalökonomie, Theorie des Handelns und Wirtschaftens* (1940), das im Jahr 1949 in überarbeiteter Form in englischer Sprache mit dem Titel *Human Action, A Treatise on Economics* erschien; und sein letztes Werk *Theory and History, An Interpretation of Social and Economic Evolution* (1957).

Was Mises' wissenschaftliche Arbeit so besonders macht, ist die erkenntnistheoretische (d. h. epistemologische) Grundlage. Mises zeigte, dass die Wirtschaftswissenschaft keine Erfahrungswissenschaft ist, sondern dass sie a priori-Theorie ist: Ihre Aussagen lassen sich ohne Rückgriff auf Erfahrung beweisen. So können zum Beispiel die folgenden Aussagen aus Mises' Wissenschaftsansatz mit unbedingtem Geltungsanspruch abgeleitet werden: Der Sozialismus – das Gemeineigentum der Produktionsmittel – ist eine nicht durchführbare Gesellschafts- und Wirtschaftsordnung; das Ausweiten der Geldmenge ist niemals neutral, es begünstigt stets einige auf Kosten anderer; Geld, das durch Bankkreditvergabe geschaffen wird, verursacht notwendigerweise Konjunkturkrisen; staatliches Eingreifen in das Marktgeschehen – die Politik des Interventionismus – ist kontraproduktiv: Die Ziele, die mit staatlichen Eingriffen in die Märkte angestrebt werden, lassen sich nicht erreichen; eine Gesellschaft muss sich zwischen Sozialismus und Kapitalismus entscheiden, *es gibt keinen dritten Weg* der gesellschaftlichen Ordnung.

Wie gelangte Mises zu diesen Aussagen? Im Bereich des menschlichen Handelns gibt es, so erkannte er, Gesetzmäßigkeiten, die immer und überall gelten, und diese Gesetzmäßigkeiten werden aus strengem logischen Denken, nicht aber aus Beobachtungen (Erfahrung) abgeleitet. Mises (re-)konstruierte die Wirtschaftstheorie als aprioristische – axiomatisch-deduktive – Wissenschaft, als *Logik des menschlichen Handelns*, die er als »Praxeologie« bezeichnete. Mises' Wirtschaftswissenschaftstheorie war und ist damit ein intellektueller Gegenentwurf zur herrschenden Meinung und Überzeugung. Die Praxeologie hat nicht nur zu Mises' Zeiten starken Widerspruch hervorgerufen und Zurückweisung von Seiten der Wirtschaftswissenschaftler erfahren, sie ist auch heute noch gänzlich unvereinbar mit der herrschenden wirtschaftswissenschaftlichen Lehrausrichtung. Es ist wohl nicht übertrieben zu sagen, dass es letztlich die wirtschaftswissenschaftliche Grundlage war, die Mises zu einem Außenseiter im Wissenschaftsbetrieb werden ließ.

Dieses Buch ist eine Einführung in das Leben und das Werk von Ludwig von Mises. Zwei miteinander verbundene Ziele stehen dabei im Vordergrund. Erstens soll es dem Leser einen umfassenden, gleichzeitig gut verständlichen Überblick geben über Mises' persönlichen Werdegang und die wichtigen wirtschaftswissenschaftlichen Erkenntnisse, die er erarbeitete. Zweitens sollen die Beiträge in diesem Buch, die jeweils für sich abgeschlossene Kapitel bilden, das Interesse der Leser an Mises' Schriften wecken. Sie sollen verdeutlichen, dass es sich nach wie vor lohnt, sich mit diesem herausragenden Denker zu befassen. Denn Mises' wissenschaftliches Werk ist zeitlos. Es lässt sich auf die drängenden Frage- und Problemstellungen der heutigen Zeit unmittelbar anwenden – wie zum Beispiel zur Ursachendiagnose und Überwindung der internationalen Finanz- und Wirtschaftskrise. Umso bedauerlicher, ja geradezu tragisch ist es daher, dass Mises' Werk heute vielerorts nahezu unbekannt ist und sich nicht mehr in den offiziellen Lehrplänen der Höheren Schulen findet.

Das Buch beginnt mit dem Beitrag *Ludwig von Mises und der Liberalismus* von Hans-Hermann Hoppe. Es ist der nach wie vor beste und kompakteste Aufsatz, der über Mises' Leben und sein bahnbrechendes wissenschaftliches Werk verfasst und als Einführung in der Neuauflage von Mises' Buch *Liberalismus* im Jahr 1993 veröffentlicht wurde. Der Leser gewinnt hier nicht nur Einsichten in das Werden und den Inhalt der wirtschaftswissenschaftlichen Arbeiten von Mises. Er erfährt auch etwas über den Einfluss, den Mises auf viele namhafte Denker seiner Zeit durch seine immense Gelehrtheit genommen hat, etwa im Rahmen seines Wiener *Privatseminars*. Hoppes Ausführungen vermitteln dabei auch eindrücklich, wie schicksalhaft für Mises als unbedingten und unbeugsamen Befürworter des Liberalismus und Kapitalismus das 20. Jahrhundert war: Denn es war das Zeitalter von Unfreiheit, Sozialismus, Kommunismus, Faschismus, Nationalsozialismus und sozialdemokratischem Sozialismus. Es war eine Zeit, in der die Befürworter des freiheitlichen Gedankenguts bestenfalls ignoriert, in der Regel geschmäht und schlimmstenfalls mit Verfolgung und Tod bestraft wurden.

Mises hielt trotz aller Widrigkeiten, die ihm persönlich und beruflich widerfuhren – wie etwa öffentliche Anfeindungen und wütende Attacken seiner Zunftkollegen –, an seinen Überzeugungen fest. Er war nicht bereit, seine intellektuelle Integrität zu opfern, um die Anerkennung des wissenschaftlichen und politischen »Establishments«, das sich ganz und gar auf die Seite des Etatismus geschlagen hatte, zu gewinnen. Ihm blieb eine ordentliche Professur versagt. Mises' couragierte Standhaftigkeit, verbunden mit seinen durch und durch logisch abgesicherten wissenschaftlichen Arbeiten, haben sicherlich entscheidend dazu beigetragen, dass die von ihm angestoßene wissenschaftlich-ideologische Freiheitsbewegung seinen Tod im Jahre 1973 überdauern konnte. Innerhalb der Österreichischen Schule der Nationalökonomie hat sich nicht umsonst die streng praxeologische Strömung, die sich von Mises über seinen bedeutenden Schüler Murray N. Rothbard (1926–1995) bis hin zu Rothbards Schüler und späterem Kollegen an der University of Las Vegas, Hans-Hermann Hoppe, weiterentwickelt hat, als ganz besonders fruchtbar und wirkungsvoll erwiesen. Eine wachsende Zahl von Studierenden und Interessierten sucht und findet heute im »Austro-Libertarianism« – der auf der von Rothbard und Hoppe gewissermaßen *perfektionierten Praxeologie* fußt – Erklärungen für die Fragen, die von der herrschenden Mainstream-Volkswirtschaftslehre nur unzureichend oder gar nicht beantwortet werden können.

Mises nahm Zeit seines Lebens eine Außenseiterrolle in der Wirtschaftswissenschaft ein. Er wurde Zeuge, wie sich vor allem marktfeindliche, staatsbegünstigende Ideologien in Lehre und Politik durchsetzten. Dass Mises dennoch an seinem Kurs festhielt, geschah aber nicht nur aus intellektueller Einsicht, sondern auch wegen seiner unerschütterlichen Hoffnung auf Besserung. So schließt Hoppe seinen Aufsatz mit einem besonders bemerkenswerten Zitat aus Mises' *Liberalismus*:

> *»Als ich vor 35 Jahren versuchte, die Ideen und Prinzipien der einst unter dem Namen Liberalismus bekannten Sozialphilosophie zusammenzufassen, erlag ich nicht der eitlen Hoffnung, daß meine Darstellung die drohenden Katastrophen verhindern würde, zu denen die durch die europäischen Nationen verfolgten Politiken offenkundig führen mußten. Es ging mir allein darum, der kleinen Minderheit denkender Menschen eine Möglichkeit zu eröffnen, etwas über die Ziele und die Leistungen des klassischen Liberalismus zu lernen und dadurch den Weg für eine Wiederauferstehung des Geistes der Freiheit nach dem bevorstehenden Debakel vorzubereiten.«*

Mises' erstes Hauptwerk, seine im Jahre 1912 veröffentlichte Habilitationsschrift *Theorie des Geldes und der Umlaufsmittel*, war der Geldtheorie gewidmet. Es ist eine geradezu revolutionäre, bis heute fachlich unübertroffene geldtheoretische Schrift, wie Jörg Guido Hülsmann in seinem Beitrag *Mises' Geldtheorie* ausführlich erläutert. Die Erkenntnisse über Wesen und Wirkung des Geldes in einer arbeitsteilig organisierten Geldwirtschaft, die Mises formulierte, haben bis heute einen unveränderten, und das heißt herausragenden Stellenwert in der Österreichischen Schule der Nationalökonomie. So gelang es Mises zum Beispiel, das Geld in die Grenznutzentheorie, die mittlerweile zur allgemein anerkannten Preis- und Werttheorie geworden ist, zu integrieren. Mit seinem »Regressionstheorem« untermauerte Mises auf *logischem Wege* zudem die Theorie der Geldentstehung, die Carl Menger (1840–1921), der Begründer der Österreichischen Schule der Nationalökonomie, 1871 aufgestellt hatte: Menger zufolge entsteht Geld spontan aus einem freien Marktprozess und notwendigerweise aus einem Sachgut, das, bevor es zu Geld wurde, aufgrund seiner nicht monetären Eigenschaften wertgeschätzt wurde – wie es etwa bei Gold, Silber und Kupfer der Fall ist.

In *Theorie des Geldes und der Umlaufsmittel* legte Mises vor allem auch die Grundlage für die monetäre Konjunkturtheorie der Österreichischen Schule der Nationalökonomie, die er dann in einer zweiten Auflage 1924 weiterentwickelte. Mises integrierte dazu drei bis dahin isolierte Theorien: die englische Currency School, die Kapital- und Zinstheorie Eugen von Böhm-Bawerks (1851–1914) und die Theorie Knut Wicksells (1851–1926), in der die Folgen eines Abweichens des Marktzinses vom *natürlichen Zins* beschrieben werden. Auf Grundlage dieser drei Theorien verdeutlichte Mises, dass ein Ausweiten der Geldmenge durch Bankkreditvergabe, die nicht durch »echte Ersparnisse« gedeckt ist – wie es im heutigen Kredit- oder Papiergeldsystem der Fall ist –, notwendigerweise zu Fehlentwicklungen und Krisen führen müsse. Hülsmanns Beitrag vermittelt dem Leser in verständlicher Weise, dass auch mehr als einhundert Jahre nach Veröffentlichung die Gültigkeit der geldtheoretischen Einsichten von Mises ungeschmälert ist und es lohnenswert ist, sie zu studieren.

Im Jahr 1929 veröffentlichte Mises die Aufsatzsammlung *Kritik des Interventionismus. Untersuchungen zur Wirtschaftspolitik und Wirtschaftsideologie der Gegenwart.* Mit Interventionismus bezeichnete Mises ein fallweises, willkürliches Eingreifens des Staates in das Marktgeschehen, etwa durch Steuern, Zölle sowie Ge- und Verbote, um bestimmte (wirtschafts-)politische Ziele zu erreichen. In seinem Aufsatz

Mises' Staats- und Interventionismuskritik erläutert Philipp Bagus eine zentrale wirtschaftspolitische Erkenntnis, die Mises formulierte: Mises zeigte, dass der Interventionismus scheitern muss, weil er zweckwidrig ist, und dass eine Gesellschaft, die dem Interventionismus anheimfällt und an ihm festhält, im Sozialismus enden wird. Mises erkannte, dass jeder Markteingriff des Staates kontraproduktiv ist und dass der Interventionismus die Ziele, die seine Befürworter mit ihm erreichen wollen, nicht erreichen kann. Denn der Interventionismus zwingt die Menschen, sich in einer Weise zu verhalten, wie sie sich aus wohlverstandenem Eigeninteresse nicht verhalten wollen. Folglich versuchen die Betroffenen, sich dem auf sie ausgeübten Zwang zu entziehen.

Obwohl der Interventionismus seine Ziele nicht erreichen kann, entmutigt sein Scheitern jedoch nicht etwa seine Befürworter. Im Gegenteil. Sie empfehlen eifrig noch mehr oder bessere Interventionen, um ihre Ziele zu verfolgen. Auf die Idee, dass das staatliche Eingreifen die Ursache für die viel beklagten Missstände ist – sei es Inflation, Arbeitslosigkeit oder Rezession –, kommen die Interventionisten nicht, oder sie weisen einen solchen Gedanken empört zurück. Für sie ist der freie Markt das Problem, das es durch gezielte staatliche Einflussnahme aus der Welt zu schaffen gilt. Der Interventionismus, einmal in Gang gesetzt, führt daher geradewegs in eine *Interventionsspirale*, die sich bald immer schneller dreht und früher oder später die freien Märkte durch staatliche Reglementierungen ersetzt. Auf dieser zentralen Erkenntnis, die von Mises stammt, baute Friedrich August von Hayek (1899–1992) seinen Bestseller *Der Weg zur Knechtschaft* (1944) auf. Bagus zeigt in seinem Beitrag nicht nur die umfassende Staatskritik auf, die sich aus Mises' Sozialismus-, Bürokratismus- und Interventionismuskritik ableiten lässt, er zeigt auch Wege aus dem Interventionismus auf – insbesondere mit Blick auf das heute herrschende Euro-Währungssystem.

Wie einleitend bereits angemerkt, ist es vor allem die wissenschaftliche Methodologie, die Mises abhebt von der damals wie heute vorherrschenden Lehrmeinung. Diesen Aspekt beleuchtet Thorsten Polleit mit seinem Aufsatz *Mises' wissenschaftliche Methode*. Mises zeigte, dass die Wirtschaftswissenschaft keine Erfahrungswissenschaft ist, sondern dass ihre Aussagen *a priori* sind – d. h sie sind von der Erfahrung unabhängig. Alle grundlegenden ökonomischen Theoreme können aus einem einzigen Axiom – dem *Axiom des menschlichen Handelns* – abgeleitet werden. Dieses Axiom lässt sich nicht widerlegen, es ist unzweifelhaft oder *apodiktisch* wahr: Man kann nicht bestreiten, dass der Mensch handelt. Denn wer so argumentiert, handelt – und widerspricht folglich seiner eigenen Aussage, dass der Mensch in der Lage sei, nicht zu handeln. Das Axiom des menschlichen Handelns ist nicht-hypothetisch, es ist *wahr*. Von ihm lassen sich auf logischem Wege (unter Zuhilfenahme empirischer Annahmen) Aussagen ableiten, die wiederum wahr sind: Aussagen, die immer und überall, unabhängig von Ort und Zeit wahr sind, die also Allgemeingültigkeit besitzen.

Mises' methodologische Rekonstruktion der Volkswirtschaftslehre hat weitreichende Konsequenzen. So entzaubert sie so manch wohlklingendes Politikversprechen als falsch – so etwa die These, dass die Marktwirtschaft, die auf unbedingtem Respekt des Eigentums fußende freiwillige Tauschwirtschaft, »ungerecht« sei; dass Mindestlöhne »gerecht« seien und auch die Realeinkommen der Arbeitnehmer erhöhen würden; dass ein Ausweiten der Geldmenge notwendig sei, damit die Volkswirtschaft wachsen könne; dass eine Erhöhung der Geldmenge »neutral« sei, also keinen Einfluss auf die Einkommens- und Vermögensverteilung nehme. All diese Behauptungen können, ausgehend vom Axiom des menschlichen Handelns, mittels logisch-deduktiver Schlussfolgerungen als *falsch* zurückgewiesen werden – man muss diese »Heilsversprechen« nicht erst in der Praxis ausprobieren (»testen«), um zu erkunden, ob sich ihre versprochenen Wirkungen tatsächlich erreichen lassen. Die Antworten sind vielmehr *vorab* mit Gewissheit – *a priori* – bekannt. Wenig überraschend also, dass Mises' Werk vor allem bei Regierungen und staatsbefürwortenden Ökonomen auf wenig Gegenliebe stößt.

Wer sich heute mit Mises' Arbeiten beschäftigt, findet den Schlüssel zur Erklärung der Ursachen für wirtschaftliche und gesellschaftliche Missstände wie zum Beispiel Geldentwertung, Konjunkturzyklen und insbesondere auch das Vordringen des Staates zu Lasten der individuellen Freiheiten. Mises' Erkenntnisse helfen jedoch nicht nur bei der Ursachendiagnose. Sie weisen auch den Ausweg aus dem wirtschaftlichen und kulturellen Niedergang. Der Weg zur Besserung liegt in der Beachtung nationalökonomischer Lehren, der Kenntnisnahme der praxeologischen Einsichten:

> *»Mit dem Schicksal der Nationalökonomie ist das Geschick der modernen Kultur, wie sie die Völker weisser europäischer Rasse seit zweihundert Jahren ausgebaut haben, unlösbar verknüpft. Diese Kultur konnte entstehen, weil die Völker von Ideen beherrscht wurden, die die Anwendung der Lehren der Nationalökonomie auf die Politik darstellten. Sie wird und muss verschwinden, wenn die Politik auf den Wegen, die sie unter dem Einfluss der die Nationalökonomie bekämpfenden Lehren eingeschlagen hat, weiterschreiten sollte.«*[1]

Ganz in diesem Sinne hoffe ich, dass das vorliegende Buch seine Ziele erfüllen wird: dass sich Mises' wirtschaftswissenschaftliches Werk und vor allem die wirtschafts- und gesellschaftspolitischen Erkenntnisse, die sich daraus ableiten lassen, einer möglichst breiten Leserschaft erschließen.

Thorsten Polleit, im Juli 2013
Präsident des Ludwig von Mises Institut Deutschland

1 Mises, L. v. (1940), *Nationalökonomie. Theorie des Handelns und Wirtschaftens,* Editions Union Genf, S. 7.

Teil I

Ludwig von Mises und der Liberalismus – von Hans-Hermann Hoppe

»Ich wollte Reformer werden, doch ich bin nur der Geschichtsschreiber des Niedergangs geworden.«

Ludwig von Mises, *Erinnerungen*, 1978, S. 76.

Der Zusammenbruch des Sozialismus in der ehemaligen Sowjetunion und den Ländern Osteuropas hat auch den Namen Ludwig von Mises wieder ins öffentliche Bewusstsein gehoben. Zusammen mit Friedrich A. Hayek und Milton Friedman wird Ludwig von Mises als einer der Kritiker des Sozialismus genannt, der diesen Kollaps vorausgesagt hat. Aber noch in dieser Gleichsetzung mit Hayek oder Friedman kommt zum Ausdruck, dass Mises und sein Werk im deutschen Sprachraum heute tatsächlich so gut wie unbekannt sind. Heute weiß man in seinem heimatlichen Österreich weniger über ihn als in den USA, wo er das letzte Drittel seines Lebens zubrachte. Dabei ist Ludwig von Mises eine der herausragenden Geistesgestalten des 20. Jahrhunderts und sein sicherlich bedeutendster Wirtschafts- und Gesellschaftstheoretiker. Friedrich Hayek hat seine Bedeutung mit der von Voltaire,

Montesquieu, Tocqueville und John Stuart Mill verglichen.[1] Doch selbst dieser Vergleich wird ihm kaum gerecht. Denn Mises hat – kulminierend in seinem Magnum Opus, dem aus seiner *Nationalökonomie* hervorgegangenen *Human Action* – ein geistiges Monument geschaffen, das in Grundlegung und Systematik, thematischem Umfang, Geschlossenheit und Vollständigkeit der Darstellung, begrifflicher Klarheit und Schärfe sowie Zeitlosigkeit der Geltung im Bereich der Sozialwissenschaften einzigartig ist. Im Vergleich mit ihm erscheinen die Arbeiten selbst der bedeutendsten seiner Vorgänger dilettantisch.

Wie kommt es dann zu der Missachtung, die Ludwig von Mises erfahren hat? Sein Leben und Werk halten die Erklärung bereit. Es war Mises' Schicksal ausgerechnet im 20. Jahrhundert – dem Zeitalter des Sozialismus: von Kommunismus, Faschismus, Nationalsozialismus und Sozialdemokratie – zum größten Theoretiker des Liberalismus und Kapitalismus heranzureifen.

1. Die Entwicklung der Geldtheorie Mises'

Ludwig von Mises wurde am 29. September 1881 als ältester Sohn von Arthur Edler von Mises und seiner Ehefrau Adele, geborene Landau, in Lemberg geboren.[2] Sein Vater, ein Ingenieur des österreichischen Eisenbahnministeriums, war zu dieser Zeit in Lemberg, in der Provinz Galizien der österreichisch-ungarischen Doppelmonarchie, stationiert. Seine Schulzeit verbrachte Ludwig von Mises in Wien. Im Jahr 1900 begann er an der dortigen Universität das Studium der Rechts- und Wirtschaftswissenschaften, das er 1906 als Doktor der Rechte abschloss. Es folgten einige Jahre mit verschiedenen rechtsanwaltlichen Tätigkeiten. 1909 begann seine Beschäftigung als Sekretär bei der Wiener Handelskammer, die, unterbrochen von seiner Kriegsteilnahme, bis 1934 andauerte und in deren Rahmen er sich von 1919 an die Stellung als *der* Ökonom Österreichs schuf. Parallel dazu begann er seine Lehrtätigkeit, zunächst an der Wiener Handelsakademie für Mädchen, nach seiner Habilitation 1913 als Privatdozent und schließlich, ab 1918, als unbesoldeter außerordentlicher Professor an der Universität Wien.

Um 1900 war praktisch jedermann im deutschen Sprachgebiet Etatist oder Staatssozialist. Kapitalismus und Liberalismus galten als überholt und überwunden. Selbst Anti-Marxisten hatten keinerlei Zweifel daran, dass der Sozialismus einen »berechtigten Kern« enthalte, und forderten dementsprechend ausgedehnte staatliche »Sozialreformen«. Im Bereich des Geisteslebens stand der Historismus auf dem Zenit seiner Erfolge. Wirtschaftsgeschichte war die Modewissenschaft. Auf die klassische, abstrakt-theoretische Nationalökonomie blickte man voller Verachtung. Es galt als ausgemacht, dass es universell gültige ökonomische Gesetze nicht gebe. Theorie, wenn sie überhaupt möglich sei, könne nur aus der wirtschaftsgeschichtlichen Erfahrung abstrahiert werden. Gustav von Schmoller (1838–1917) galt als der große Meister der »wirtschaftlichen Staatswissenschaften«. Seine Schule, die Kathedersozialisten, dominierte die Universitäten, insbesondere im Deutschen Reich. Wissenschaft war das Veröffentlichen von aus Aktenbündeln zusammengekleisterten Materialsammlungen. Man bekannte sich, historisch »aufgeklärt«, zum Relativismus. Und als Staatsbeamter fühlte man sich dann dazu berufen, zur Verherrlichung und Rechtfertigung des Staates beizutragen. Man empfand sich zunächst als die intellektuelle Leibgarde des Hauses von Hohenzollern, dann als die der regierenden Sozialdemokraten und schließlich als die Hitlers, den Werner Sombart (1863–1941), der berühmteste der Nachfolger Schmollers, als den Träger göttlichen Auftrags preisen sollte.

Auch Mises war am Beginn seines Studiums Etatist. Er lehnte zwar den Marxismus ab. Der Relativismus der »historischen Schule« erschien ihm unsinnig. Und die Glorifizierung des preußischen Staates durch die Mehrzahl der kleindeutschen Historiker hielt er für lächerlich. Aber er war doch glühender »Sozialreformer«. Wenn eine sozialpolitische Maßnahme nicht zum gewünschten Erfolg führte, dann konnte dies nur daran liegen, dass sie nicht radikal genug war. Im Liberalismus, der die soziale Reform ablehnte, sah er eine verfehlte Ideologie, die man energisch bekämpfen müsse. So wurde der Wirtschaftshistoriker Carl Grünberg, ein Anhänger der historischen Schule, sein erster Lehrer. Durch Grünberg angeregt, schrieb Mises sein erstes, noch ganz im Stil der historischen Schule befangenes Buch – eine Geschichte des gutsherrlich-bäuerlichen Verhältnisses in Galizien.[3] Doch erste Zweifel begannen sich zu regen. Eine Untersuchung über den Wiener Wohnungsmarkt brachte Mises zu dem Schluss, dass die ungünstigen Wohnverhältnisse ihre Ursache in einer Steuergesetzgebung hatten, die die unternehmerische Betätigung auf dem Gebiet des Häuserbaus unmöglich machte. Und dann, gegen Ende 1903, las er Carl Mengers *Grundsätze der Volkswirtschaftslehre*.[4]

Durch dieses Buch wurde Mises zum Nationalökonom. Im Jahr 1904 trat Eugen von Böhm-Bawerk von seinem Amt als österreichischer Finanzminister zurück und übernahm ein persönliches Ordinariat an der Wiener Universität. Böhm, von 1881 bis 1889 Professor in Innsbruck und der herausragende Nachfolger und Fortsetzer der durch Carl Menger begründeten Tradition der Wiener – oder Österreichischen – Schule der Ökonomie, wurde nun folgerichtig Mises' wichtigster persönlicher Lehrer. Bis 1913 war Mises regelmäßiger Teilnehmer am Böhm'schen Seminar.[5]

Gegenstand der letzten zwei Semester des Seminars war Mises' 1912 veröffentlichte Habilitationsschrift, die bis heute unübertroffene *Theorie des Geldes und der Umlaufsmittel*.

In diesem Buch, Mises' erstem Hauptwerk, wurde nicht nur sein vollständiger Bruch mit der historischen Schule und ihrer Methode deutlich. Mises etablierte sich mit ihm zugleich als der Führer der dritten Generation der Österreichischen Schule. Mises vervollständigte das System Mengers und Böhm-Bawerks um die Geldtheorie. Zum ersten Mal wurden Geldtheorie (im modernen Jargon: Makroökonomie) und allgemeine Nutzentheorie (Mikroökonomie) integriert. Einer systematisch aufbauenden, logischen Schritt-für-Schritt-Analyse folgend, glänzt das Buch mit einer Fülle grundlegender Einsichten. Mises demonstrierte u. a., dass Geld als ein zum Zweck des Wiederverkaufs gehaltenes Tauschmittel ursprünglich nicht anders als in der Form eines Warengeldes (wie z. B. Gold) entstehen kann. Er zeigte, dass jede Geldmenge gleichermaßen »optimal« ist, derart, dass eine Vermehrung der Geldmenge (im Unterschied zu einer Vermehrung von Konsum-

und/oder Kapitalgütern) keinerlei sozialen Nutzen begründet, sondern lediglich zu einem Kaufkraftverlust des Geldes führt.[6] Er demonstrierte, dass Geldvermehrungen keineswegs zu einem gleichzeitigen und proportionalen Preisanstieg aller Güter führen, sondern eine Veränderung des gesamten Systems relativer Preise und Einkommen bewirken. Mehr noch, Mises analysierte die staatliche Geldpolitik und machte dabei sichtbar, dass er ebenso vollständig auch mit seinem früheren Etatismus gebrochen hatte. Er arbeitete heraus, warum Regierungen und Zentralbanken tendenziell inflationär handeln: Die vermehrte Geldmenge kommt nicht allen Personen gleichzeitig zugute. Es ist die Regierung bzw. ihre Zentralbank, die ursprünglich über das neue Geld verfügt. Von ihr ausgehend fließt das Geld an andere Personen und erhöht dabei Schritt für Schritt die Preise eines immer weiteren Kreises von Gütern. Im Verlauf dieses Prozesses kommt es zu einer systematischen Einkommensumverteilung zugunsten der ursprünglichen – und früheren – Geldbesitzer und zuungunsten derjenigen, die das neue Geld erst später, zuletzt oder nie empfangen. Inflation ist ein Instrument der versteckten Besteuerung sowie der Einkommensumverteilung zugunsten des Staates und der von ihm begünstigten Personen- und Unternehmenskreise. Darüber hinaus präsentierte Mises erstmals, auf Anregungen David Ricardos (1772–1823) und der britischen Currency School sowie des schwedischen Ökonomen Knut Wicksell (1851–1926) aufbauend, die Grundzüge seiner bahnbrechenden – nachfolgend als »österreichisch« bezeichneten – Konjunkturtheorie. Auch für Konjunkturzyklen sind Regierungen und Zentralbanken verantwortlich: Sofern das staatlich neu geschöpfte Geld über den Kreditmarkt in das Wirtschaftsgeschehen eingespeist wird, kommt es zu einer Ermäßigung der Zinsrate unter das durch tatsächliche Sparleistungen bestimmte Marktniveau. Eine niedrigere Zinsrate führt zu erhöhter Investitionstätigkeit und ausgeweiteter Kapitalgüterproduktion. Dies ist die Boom-Phase. Doch da sich an den tatsächlichen Konsum- und Sparneigungen nichts verändert hat, muss es mit notwendiger zeitlicher Verzögerung zu einer anschließenden »Korrektur« kommen, in der sich das Investitionsausmaß als »zu groß« entpuppt und es zu einer systematischen Liquidation von Fehlinvestitionen kommt. Das ist die dem Boom immanente nachfolgende Rezession. Um Inflation und Konjunkturzyklen zu vermeiden, so Mises, muss sich der Staat aus dem Geldwesen zurückziehen. Die Zentralbank und das staatliche Banknotenmonopol müssen aufgehoben werden, und an ihre Stelle hat ein Goldstandard und ein auf ihm aufbauendes freies, konkurrierendes Bankwesen zu treten.[7]

2. Nach dem Ersten Weltkrieg: Abgrenzung von Sozialismus und Etatismus

Zum Zeitpunkt der Ausarbeitung seiner Geldtheorie war Mises, wie Jahre zuvor schon Carl Menger, von der Unausweichlichkeit einer Katastrophe überzeugt. Der erste Weltkrieg brachte die Zerstörung des österreichisch-ungarischen Reiches und den Untergang der Habsburger Monarchie. In Russland triumphierte der Bolschewismus. Ungarn erlebte ein, wenn auch nur kurzfristiges, kommunistisches Experiment unter Bela Kun. Im Deutschen Reich kam es an vielen Orten zu kommunistischen Machtübernahmen, ehe die Regierungsgewalt schließlich in die Hände des menschewistisch-reformistischen Flügels der Sozialdemokratischen Partei fiel. Auch in Wien drohte der kommunistische Umsturz. Doch Mises war ungebrochen. In nächtelangen Diskussionen mit Otto Bauer (1881–1938), dem Führer der österreichischen Sozialdemokraten, der nunmehr stärksten Regierungspartei, einem Theoretiker des Austro-Marxismus und Studienkollegen aus dem Seminar Eugen von Böhm-Bawerks, gelang es Mises, Österreich ein bolschewistisches Experiment zu ersparen. Das Schicksal Österreichs lag in Bauers Händen. Sollte er, seinen marxistischen Überzeugungen entsprechend, das Zeichen für eine sozialistische Revolution geben, oder sollte er dem reformistischen Kurs der deutschen Sozialdemokratie folgen? Mises wusste durch seine Handelskammertätigkeit, und er überzeugte Bauer im Winter 1918/19 davon, dass ein sozialistischer Umsturz innerhalb kürzester Frist scheitern musste. Österreich war auf Lebensmitteleinfuhren angewiesen, die durch Relief-Kredite der vormaligen Feindstaaten finanziert wurden. Die Lebensmittelvorräte in Wien reichten für höchstens 8 bis 10 Tage. Die Alliierten konnten ein

Bolschewikenregime jederzeit mühelos durch einen Zulieferungsstopp in die Knie zwingen. Eine Hungersnot würde ausbrechen, es würde zu Plünderungen kommen, und Wien würde in einem Blutbad versinken. Angesichts dieser Lage entschied sich Bauer, seine Ideale zu »verraten« und für einen gemäßigten, reformistischen Kurs einzutreten.[8] Nach diesem Erfolg wandte Mises nun alle Anstrengungen darauf, der Inflation ein Ende zu setzen. Er konnte den dramatischen Wertverfall der österreichischen Währung nicht verhindern. Doch war es im Wesentlichen seinem Einfluss zuzuschreiben, dass die Krone 1922 schließlich bei einem Kurs von 14 000 Papierkronen zu einer Goldkrone stabilisiert werden konnte und dass Österreich vom gleichzeitigen Schicksal Deutschlands, der Hyperinflation und des vollständigen Zusammenbruchs der Währung, verschont blieb.[9]

Neben diesen praktisch-politischen Anstrengungen setzte Mises seine theoretische Arbeit fort. 1922 erschien sein zweites Hauptwerk *Die Gemeinwirtschaft: Untersuchungen über den Sozialismus*[10]. Den Kern dieser Arbeit bildete der erstmals 1920 in seinem Aufsatz über »Die Wirtschaftsrechnung im sozialistischen Gemeinwesen« erbrachte Nachweis, dass eine Wirtschaftsrechnung im Sozialismus unmöglich sei. Da sämtliche Produktionsfaktoren, einschließlich von Grund und Boden, im Gemeinbesitz befindlich sind und also weder ge- noch verkauft werden können, gibt es für sie keine ihre Knappheit anzeigenden Marktpreise. Aber ohne Marktpreise ist jede Kostenrechnung – das Vergleichen von Kosten und Erlösen – unmöglich. Sozialismus bedeutet nicht »mehr oder bessere Planung«, wie seine Anhänger meinen. Im Gegenteil, Sozialismus bedeutet Chaos: die Abwesenheit jeden rationalen, rechnenden Planens und Handelns, und muss damit notwendig zu ständigen Fehlallokationen von Produktionsfaktoren, zu Kapitalaufzehrung und einem Niedergang des gesellschaftlichen Wohlstands führen. Darüber hinausgehend analysierte Mises in der *Gemeinwirtschaft* die Funktionsweise sämtlicher Formen staatlicher Markteingriffe und entwickelte eine, mit seinem Buch *Liberalismus* aus dem Jahre 1927 und der 1929 publizierten Aufsatzsammlung *Kritik des Interventionismus* abgeschlossene Theorie der gesellschaftlichen Kooperation. Zentrales Element dieser Theorie ist die bahnbrechende

Einsicht in die Unmöglichkeit eines »dritten Wegs« neben Kapitalismus und Sozialismus. Alle interventionistischen Systeme, in denen Privateigentum und Unternehmertum zwar nominell beibehalten werden, aber dem Staat die Aufgabe zufällt, »korrigierend« in das Marktgeschehen einzugreifen, führen entweder schrittweise zum Sozialismus oder zurück zum Kapitalismus. Denn jeder Markteingriff erzeugt mehr desselben Problems, das er zu korrigieren bestimmt war. Eine staatliche Unterstützung – Einkommensumverteilung zugunsten – von Armen oder Arbeitslosen z. B. führt unausweichlich zu vermehrter Armut und Arbeitslosigkeit. Im nächsten Schritt müssen darum entweder die Unterstützungszahlungen erhöht werden usw., bis es schließlich zu einer vollständigen Aufhebung des Privateigentums kommt. Oder die Zahlungen müssen wieder gekürzt oder eingestellt werden. Es ist aber unmöglich, auf dem anfänglich gewählten Eingriffsniveau zu verharren.

3. Wachsender Einfluss in Zeiten der Diskriminierung

Schon mit seiner *Theorie des Geldes* hatte sich Mises als der herausragende Nachfolger der Menger-Böhm-Bawerk Tradition etabliert. Nun, mit der *Gemeinwirtschaft*, wurde er in ganz Europa bekannt. Eine ganze Generation jüngerer Ökonomen wie Friedrich Hayek, Wilhelm Röpke, Bertil Ohlin und Lionel (später: Lord) Robbins wurde, unabhängig voneinander, durch dieses Buch von Sozialisten oder Sozialreformern zu Marktwirtschaftlern.

Mit dem Tod Böhm-Bawerks 1914, dem Rückzug Friedrich von Wiesers aus der Universität kurz nach Kriegsende[11] sowie dem Weggang Grünbergs nach Frankfurt wurden alle drei der an der Wiener Universität bestehenden nationalökonomischen Lehrstühle nacheinander frei. Vielerseits war erwartet worden, dass eine dieser Stellen an Mises gehen würde. Und tatsächlich erschien kein anderer Beruf Mises erstrebenswerter als der eines Universitätslehrers. Doch er selbst hatte frühzeitig erkannt, dass es ihm verwehrt bleiben würde, jemals eine ordentliche Professur in Österreich oder Deutschland zu erlangen. Drei Gründe sprachen gegen ihn. Mises war Jude, und als Resultat der Kriegsniederlage und der anschließenden wirtschaftlichen Wirren kam es in Österreich wie in Deutschland zu einem Anwachsen des Antisemitismus. Zum anderen war Mises ein klassischer Liberaler (Nachtwächterstaat), während der Erste Weltkrieg die letzten Überreste des europäischen Liberalismus zerstört und die Welt sich dem Sozialismus, sei es in seiner linken – marxistischen – oder rechten – nationalsozialistischen oder korporatistisch-faschistischen – Version zugewandt hatte. Schließlich war Mises ein Mann des Prinzips, der es kategorisch ablehnte, seinen theoretischen Einsichten zuwiderlaufende Kompromisse einzugehen, während an den republikanischen Universitäten mehr denn je Flexibilität und Opportunismus gefragt waren. Nach dem rückblickenden Urteil seiner damaligen Studenten Friedrich Hayek und Fritz Machlup hätte Mises angesichts seiner Verdienste zwei dieser »Defekte« wohl »ablegen« können – nicht aber alle drei.[12] In der Tat wurden andere, zweitrangige oder bedeutungslose – aber zeitgemäße – Männer an die Wiener Universität berufen.[13]

Mises musste sich seinen Lebensunterhalt bis 1934, als er Österreich verlassen sollte, durch nicht akademische Arbeit verdienen. Tagsüber, als Referent der Handelskammer, war er mit aktuellen Fragen der Wirtschaftspolitik, insbesondere der Finanz-, Währungs-, Kredit- und Steuerpolitik beschäftigt. Er erstellte und veranlasste Gutachten und Berichte, beriet Regierung und Wirtschaft und war der Vertreter Österreichs in einer Vielzahl internationaler Gremien, Kommissionen und Delegationen im In- und Ausland. Seine wissenschaftliche Arbeit erledigte er in seiner Freizeit.

Umso erstaunlicher ist es dann, dass diese Arbeit neben seinem enormen schriftstellerischen Werk auch eine ausgedehnte und produktive Lehrtätigkeit umfasste. In seiner Funktion als Privatdozent bzw. als unbesoldeter außerordentlicher Professor der Universität Wien veranstaltete Mises für nahezu zwei Jahrzehnte ein regelmäßiges wirtschaftstheoretisches Seminar. Der Erfolg dieses Unterrichts wuchs von Jahr zu Jahr. Je erfolgreicher Mises' Lehrtätigkeit wurde, desto mehr begannen die Lehrstuhlinhaber, insbesondere Spann und Mayer, seine Studenten zu diskriminieren. Wer offiziell bei Mises als Hörer belegt hatte, wurde in Prüfungen benachteiligt, und seine Doktoranden und Habilitanden sahen sich zunehmend vermehrten Erschwernissen und Schikanen ausgesetzt.[14] Doch konnte dies Mises nicht seiner Wirksamkeit berauben. Sein Seminar war stets überfüllt, bloß wählten die meisten Studenten den Status des »inoffiziellen« Hörers.

Der Schwerpunkt seiner Lehrtätigkeit lag aber außerhalb der Universität, in seinem »Privatseminar«, das er von 1920 bis zu seinem Weggang nach Genf 1934 alle zwei Wochen in seinem Handelskammerbüro abhielt. Die etwa zwei Dutzend Teilnehmer, die Mises hier regelmäßig um sich scharte, waren meist jüngere Gelehrte, die seine Aufmerksamkeit erregt hatten. Unter ihnen waren Vertreter nahezu aller Wissensgebiete, unterschiedlichster Methodologien und gegensätzlicher politischer Überzeugungen. Ein Blick auf die Liste der regelmäßigen Teilnehmer erhellt die Bedeutung Mises' und seines Seminars. Die meisten Seminarteilnehmer waren zu dieser Zeit Freizeit-Gelehrte, wie Mises selbst. Nahezu alle sollten eine erfolgreiche Karriere machen. Und viele wurden später, meist fern von Österreich, berühmte und bedeutende Wissenschaftler. Friedrich von Hayek, Gottfried von Haberler, Oskar Morgenstern, Paul Rosenstein-Rodan und Richard von Strigl machten sich u. a. als Ökonomen einen internationalen Namen. Felix Kaufmann, das Verbindungsglied zwischen dem »Mises-Kreis«, als der Mises' Seminar in Wien bekannt war, und dem von Moritz Schlick geleiteten »Wiener Kreis«, wurde ein bedeutender Philosoph und Methodologe. Alfred Schütz, von der Phänomenologie Edmund Husserls beeinflusst, wurde ein international berühmter Soziologe. Erich Vögelin sollte ein bekannter Politikwissenschaftler und Historiker werden, und Karl Menger, der Sohn Carl Mengers, ein herausragender Mathematiker. Es erscheint kaum unangemessen, wie Fritz Machlup die Frage zu stellen, »ob jemals irgendwo eine Gruppe existiert hat, aus der ein so großer Anteil der Mitglieder international anerkannte Gelehrte wurden.«[15] In diesem hochkarätigen, häufig noch durch prominente ausländische Besucher wie etwa John V. Van Sickle (Rockefeller Foundation), Howard S. Ellis (Berkeley) und Lionel Robbins (London

School of Economics) zusätzlich angereicherten Kreis, wurden unter Mises' Leitung zwanglos alle zentralen Probleme der Nationalökonomie, der Sozialphilosophie, der Soziologie sowie der Erkenntnistheorie und Methodologie der Wissenschaften vom menschlichen Handeln erörtert. Das Seminar dauerte von 19 Uhr bis gegen 22 Uhr. Anschließend ging die Mehrzahl der Teilnehmer mit Mises ins Anchora Verde zum Nachtessen und später ins Café Künstler, um die Diskussionen im informellen Kreis regelmäßig bis in die frühen Morgenstunden hinein fortzusetzen.

Zusätzlich wirkte Mises durch seine Tätigkeit in der Wiener Nationalökonomischen Gesellschaft. Den Kern der Mitgliederschaft dieser Gesellschaft bildeten die Teilnehmer seines Privatseminars. Mises war Vizepräsident und treibende Kraft der Gesellschaft, und nahezu sämtliche Funktionen wurden von Mitgliedern seines Kreises ausgeübt.[16] Doch war der Teilnehmerkreis dieser gleichfalls etwa alle zwei Wochen tagenden Gesellschaft erheblich größer. Im Rahmen ihrer Sitzungen wurden von Vereinsmitgliedern oder auswärtigen Gästen, zu denen im Verlauf der Zeit fast alle Ökonomen von internationalem Rang zählten, Vorträge gehalten und einer anschließenden Diskussion unterworfen.

4. Angekündigter Niedergang und Emigration Mises'

Ungeachtet der schier unermüdlichen Aktivitäten Mises' ging Österreich derweil weiter dem Abgrund entgegen. Mises hatte diesbezüglich keinerlei Illusionen. Es war ihm klar, dass er den Niedergang vielleicht verzögern und vereinzelt Schlimmeres verhüten konnte, aber dass er den Gang der Ereignisse nicht aufzuhalten vermochte. »Ich wollte Reformer werden«, schrieb er in seinen *Erinnerungen*, »doch ich bin nur der Geschichtsschreiber des Niedergangs geworden.«

Es war ihm unmittelbar nach dem Krieg gelungen, die Gefahr eines österreichischen Bolschewismus abzuwenden, und er hatte maßgeblichen Anteil an der 1922 erfolgten Währungsstabilisierung. Doch konnte er weder verhindern, dass es auch weiterhin zu einer ständigen Geldvermehrung und Kreditausweitung kam, noch dass sich die österreichische Regierung nun umso entschiedener einer Politik des Interventionismus zuwandte.

Mises wusste aufgrund seiner theoretischen Untersuchungen, dass jeder staatliche Eingriff kontraproduktiv ist und mehr desselben Problems erzeugt, das man durch ihn zu beseitigen hofft, und dass ein konsequent durchgeführter Interventionismus deshalb schrittweise zum Sozialismus führen muss. Entsprechend identifizierte er die österreichische Politik als den Grund schleichend fortschreitender Kapitalaufzehrung. Darüber hinaus wusste er durch seine Konjunkturtheorie, dass eine über die tatsächliche Sparleistung hinausgehende Kreditausweitung – eine Ermäßigung der Zinsrate unter das durch Sparen angezeigte Marktniveau – zunächst zu einem Investitionsboom führt, um anschließend in einer korrigierenden Kontraktion, einer Rezession, enden zu müssen. Als prominentem Geld- und Bankfachmann waren Mises wiederholt Angebote verschiedener Großbanken unterbreitet worden, in ihren Vorstand einzutreten. Vor 1921 hatte er diese Angebote abgelehnt, weil man ihm nicht zusichern wollte, dass seine Ratschläge befolgt würden. Danach war die Kreditausweitung so weit fortgeschritten, dass er alle Banken für hoffnungslos insolvent hielt. Bereits 1924, so berichtete Fritz Machlup, hatte Mises den Zusammenbruch der Bodenkreditanstalt im Jahre 1929 und der Creditanstalt, zu dieser Zeit eine der größten europäischen Banken, im Frühjahr 1931 vorausgesagt. Anfang 1927 gründete Mises das Österreichische Konjunkturforschungsinstitut und bestellte Friedrich Hayek, und nach dessen Weggang nach England 1931 Oskar Morgenstern, als dessen Leiter. Die durch Mises angeregten und von Hayek, Morgenstern und Haberler durchgeführten Untersuchungen verdeutlichten noch das Ausmaß und die internationalen Dimensionen des Problems der Kreditausweitung und Kapitalaufzehrung. Während sich nahezu alle Ökonomen der Zeit durch die scheinbare Prosperität der Boomphase täuschen ließen und – wie etwa Irving Fisher, der prominenteste amerikanische Ökonom der Zeit – einen stetigen und unaufhaltsamen wirtschaftlichen Aufschwung erwarteten, wurde von Mises und Hayek daraufhin das unmittelbare Bevorstehen der 1929 tatsächlich ausbrechenden Weltwirtschaftskrise vorausgesagt.

Aufgrund seiner Einsicht in die verhängnisvolle wirtschaftliche Entwicklung war Mises von 1927 an ebenso vom kommenden Untergang Österreichs überzeugt. Seit 1922 regierte in Österreich eine Koalition der Christlich Sozialen und der Großdeutschen, während die Sozialdemokraten in der Opposition standen. Doch das Schwergewicht der politischen Macht lag in den Händen der Landesregierungen. Im wichtigsten Bundesland, der Stadt Wien, waren die Sozialdemokraten die unumschränkten Herrscher, und in Niederösterreich und der Steiermark, den beiden nächstwichtigen Ländern, stellten sie die Mitglieder von Koalitionsregierungen. Die sozialdemokratische Partei beherrschte die Gewerkschaften, die Bundesbahnen, die Post und die Telefonverwaltung. Sie verfügte mit ihrer Parteiarmee, dem Schutzbund, die mit Maschinengewehren und leichter Artillerie ausgerüstet war und die regulären Regierungstruppen an Mannschaftsstärke um mehr als das Dreifache übertraf, über einen ausgedehnten Terror-Apparat und nahm unbestritten für sich das »Recht auf die Straße« in Anspruch. In Reaktion auf den sozialdemokratischen Terror, so sah Mises voraus, würde es zum Aufstieg und der schließlichen Machtergreifung der Nationalsozialisten kommen. Im Kreise seiner Schüler warnte er darum immer wieder, dass ihnen allen bald ein Emigrantenschicksal bevorstehen werde.

Tatsächlich wurde die sozialdemokratische Partei Anfang 1934 in einem offenen Bürgerkrieg durch die Heimwehr zerschlagen und ihre Führer wurden aus dem Land vertrieben. Im Juli desselben Jahres wurde Engelbert Dollfuß, führender Politiker der Christlichsozialen Partei und seit 1932 österreichischer Bundeskanzler, im Verlauf eines erfolglosen nationalsozialistischen Putsches ermordet. Dollfuß, nach der nationalsozialistischen Machtergreifung in Deutschland mit außerordentlichen Machtbefugnissen ausgestattet, die er nach der Zerschlagung der Sozialdemokratie zur Errichtung einer autoritären, ständestaatlichen Verfassungsordnung benutzte, hatte mit der Unterstützung Mussolinis versucht, einen Anschluss an Deutschland zu verhindern. Doch im März 1938, nachdem inzwischen die österreichisch-italienische Allianz zerbrochen war, annektierte Hitler Österreich. Am Abend des Einmarsches in Wien drangen die Nationalsozialisten in Mises' Wiener Wohnung ein und beschlagnahmten seine Bibliothek mit sämtlichen Akten und Manuskripten. Aber Mises selbst hatte Österreich bereits verlassen. Viele seiner Schüler, von Mises frühzeitig gewarnt, waren ebenfalls schon vorher ausgewandert.[17] Nach dem Anschluss wurden dann tatsächlich beinah alle Mitglieder des Miseskreises zu Emigranten.

5. Ökonomische Gesetze und die Entstehung der *Nationalökonomie* 1940

Im Frühjahr 1934, zum Zeitpunkt der entscheidenden Straßenkämpfe zwischen der Heimwehr und dem Schutzbund, erhielt Mises die Einladung, für das Studienjahr 1934/35 den Lehrstuhl für internationale Wirtschaftsbeziehungen am Genfer Institut Universitaire des Hautes Etudes Internationales zu übernehmen. Mises nahm das Angebot ohne Zögern an. Er blieb der Wiener Handelskammer bis zum Anschluss 1938 weiterhin verbunden und kam häufig zur Erledigung von Dienstgeschäften nach Wien. Doch wurde aus dem von seinen Schülern und Freunden mit wehmütigen Liedern begleiteten Umzug nach Genf ein Abschied von Österreich für immer. Der Lehrauftrag wurde verlängert, und Mises blieb bis 1940 in Genf, um schließlich in die Vereinigten Staaten zu emigrieren. Von Alltagsgeschäften weitgehend verschont, wurden die Genfer Jahre Mises' glücklichste und produktivste Zeit. Im Kreis kongenialer Gelehrter wie William Rappard und Paul Mantoux, der beiden Leiter des Instituts, Wilhelm Röpke, Louis Baudin, Guglielmo Ferrero und des mit ihm seit Kindesbeinen eng befreundeten Hans Kelsen konnte Mises sich ungehindert seiner wissenschaftlichen Arbeit widmen.

Noch vor seiner Übersiedlung in die Schweiz hatte Mises mit einer 1933 unter dem Titel *Grundprobleme der Nationalökonomie* zusammengefassten Reihe von Aufsätzen eine weitere bahnbrechende theoretische Leistung vollbracht. Hierin untersuchte er erstmals systematisch einen Gegenstand, zu dem er auch später – insbesondere in *Theory and History* aus dem Jahre 1957, seinem philosophischen Meisterwerk, und in *The Ultimate Foundation of Economic Science* aus dem Jahre 1962, seinem letzten Buch – immer wieder zurückkehren sollte: die Frage nach den logischen und erkenntnistheoretischen Grundlagen ökonomischer Aussagen und Gesetze sowie des Verhältnisses von Wirtschaftstheorie und Geschichte.

Der Historismus und der Institutionalismus leugnete die Existenz ökonomischer Gesetze überhaupt. Für sie gab es nur Geschichte. Daneben war mit dem Aufkommen des Positivismus sowie des mit ihm eng verwandten sogenannten kritischen Rationalismus Karl Poppers inzwischen eine neue Herausforderung entstanden. Mises war mit dieser Herausforderung von Anfang an aufs Engste vertraut. Hochburg der Positivisten war der »Wiener« bzw. der »Schlick-Kreis«. Sein Bruder Richard war ein führendes Mitglied dieses Kreises, und Felix Kaufmann, ein Mitglied beider Kreise, brachte häufig Schlickianer als Gäste in Mises' Privatseminar mit. Schlicks Kreis war kleiner als Mises' Zirkel, und die positivistische Schule war zunächst nahezu einflusslos. Doch nach der Emigration der meisten seiner Mitglieder ins angelsächsische Ausland wurde der Positivismus schließlich über Jahrzehnte hinweg bis auf den heutigen Tag zur dominierenden Philosophie der westlichen Welt.[18]

Die Positivisten leugneten im Unterschied zu den Historisten nicht die Möglichkeit von ökonomischen Gesetzen überhaupt. Doch behaupteten sie, dass es ausschließlich zwei Formen von Gesetzesaussagen geben könne. Entweder handele es sich bei ihnen um beliebige terminologische Festsetzungen – analytische Aussagen – und deren tautologische Umformungen. Diese Aussagen seien nicht hypothetisch (a priori) wahr, doch besitzen sie angeblich keinerlei empirischen Gehalt. Oder es handele sich um empirische, realitätsbezogene Aussagen, aber dann besitzen sie angeblich immer eine nur hypothetische Gültigkeit und müssen unaufhörlich anhand von Erfahrung überprüft und getestet werden. (Unter dem Einfluss des Positivismus wurden die Wirtschaftswissenschaften von daher entweder zu einer bedeutungs- und anwendungslosen mathematischen Spielerei oder zur »empirischen Wirtschaftsforschung« und zur »sozialen Stückwerktechnologie«, für die es, darin dem Historismus eng verwandt, keinerlei systematischen Unterschied zwischen Wirtschaftstheorie und Wirtschaftsgeschichte gibt: Die Geschichte gilt vielmehr als unentbehrliche Grundlage und Testgelände für alle Theorie.)

Mises weist, wie die überwiegende Mehrzahl der Klassiker der Ökonomie vor ihm, die historistische und insbesondere die positivistische bzw. falsifikationistische Erkenntnistheorie und Methodologie als auf die Wirtschaftswissenschaft unzutreffend und darum falsch zurück.

Was immer man von der Angemessenheit einer positivistisch-falsifikationistischen Methodologie im Bereich der Naturwissenschaften halten mag, sie bezeugt ein komplettes Missverständnis der Ökonomie (nicht zufälligerweise waren nahezu alle führenden Positivisten, einschließlich Popper, ausgebildete Mathematiker oder Naturwissenschaftler). Man betrachte nur einige typische, grundlegende ökonomische Aussagen: Jedermann zieht jederzeit mehr Güter weniger Gütern vor. Oder: Jeder freiwillige Austausch ist – in der Vorschau – wechselseitig vorteilhaft (andernfalls würde er nicht stattfinden); der Wert der ausgetauschten Güter oder Dienstleistungen muss von beiden Tauschpartnern als »ungleich« beurteilt werden (das erworbene Gut wird jeweils dem weggegebenen vorgezogen); und beide Partner müssen umgekehrte Präferenzordnungen aufweisen (das von einem als relativ höherwertig eingestufte Gut muss vom anderen umgekehrt als relativ minderwertig eingeschätzt werden). Oder: Eine Vermehrung der Geldmenge führt, ceteris paribus, zu einem Kaufkraftverlust des Geldes (und zu einer Einkommensumverteilung). Oder: Jede Festsetzung eines Mindestlohns oberhalb des Marktlohns führt zu unfreiwilliger Arbeitslosigkeit. Für Positivisten und Popperianer muss es sich bei diesen Aussagen entweder um gehaltlose Tautologien (analytische Aussagen) handeln oder um gehaltvolle – empirisch verifizier- bzw. falsifizierbare – Hypothesen. Offensichtlich sind sie aber weder das eine noch das andere. Die Aussagen haben einen eindeutigen Realitätsbezug (es sind nicht bloß beliebige terminologische Festsetzungen, und sie sind darum nicht analytisch). Außerdem sind sie nicht hypothetisch wahr (man muss nicht ausprobieren und »testen«, ob Mindestlöhne zu höherem gesellschaftlichen Wohlstand führen oder aber zu Arbeitslosigkeit und relativer Verarmung; man weiß vielmehr, dass das erstere Resultat kategorisch unmöglich ist und das letztere notwendig). Die Aussagen repräsentieren genau das, was Positivisten und Popperianer für unmöglich oder unwissenschaftlich halten: ein nicht hypothetisches Realitätswissen oder, in der Terminologie Kants, wahre *synthetische Urteile a priori.*

Mises begnügt sich jedoch nicht mit dieser Klarstellung, sondern geht einen entscheidenden Schritt weiter. Er rekonstruiert die Ökonomie als eine axiomatisch-deduktive Wissenschaft. Ausgangspunkt aller (wahren) ökonomischen Theoreme ist das Axiom, dass Menschen handeln: dass sie absichtsvoll Ziele verfolgen und zwischen höher- und niederrangigen Zielen eine Wahl treffen (eine Präferenz zum Ausdruck bringen), um jeweils ihren subjektiven Nutzen (Wohlfahrt) zu maximieren. Dieses Axiom ist unzweifelhaft wahr: Denn wer es bestreiten oder widerlegen wollte, müsste dabei selbst handeln. Und so wie das Axiom nicht hypothetisch – a priori – wahr ist, so sind es auch sämtliche Aussagen, die sich aus ihm direkt oder indirekt – unter Zuhilfenahme zusätzlicher empirischer und empirisch überprüfbarer Annahmen – deduktiv ableiten lassen. Das Grenznutzentheorem zum Beispiel, eines der grundlegenden ökonomischen Gesetze, folgt logisch aus der unbestreitbar gültigen Aussage, dass jede handelnde Person jederzeit das, was sie subjektiv mehr befriedigt, dem vorzieht, was sie weniger befriedigt, sowie der Annahme, dass sich der Vorrat eines Gutes, dessen Einheiten als austauschbar (von gleicher Dienstbarkeit, homogen) gelten, um eine zusätzliche Einheit vermehrt. Hieraus folgt, dass diese zusätzliche Gütereinheit immer nur zur Befriedigung eines solchen Bedürfnisses eingesetzt werden kann, das niederrangiger ist als das unwichtigste aller zuvor (vor der Vorratszunahme) durch eine Einheit desselben Gutes befriedigten Bedürfnisse (Gesetz vom abnehmenden Grenznutzen). Zu meinen, dass dieses Gesetz hypothetisch ist und empirischer Überprüfung bedarf, ist absurd und ein Zeichen intellektueller Konfusion. Das Gesetz ist vielmehr apodiktisch wahr; und es ist nicht die Rolle von Wirtschafts- und Sozialgeschichte, dies Theorem zu »testen«, sondern lediglich – sehr viel bescheidener – seine Wirksamkeit an konkreten historischen Beispielen zu illustrieren.[19]

Unter den günstigen äußeren Umständen in Genf, nur mit einer zweistündigen wöchentlichen Lehrverpflichtung belastet, schrieb Mises nun sein 1940 unter dem Titel *Nationalökonomie. Theorie des Handelns und Wirtschaftens* veröffentlichtes Hauptwerk. An seine erkenntnistheoretischen Untersuchungen anknüpfend rekonstruierte Mises, ausgehend vom Axiom des Handelns und unter schrittweiser Einbeziehung und Fortführung seiner früheren Arbeiten zur Geld- und Konjunkturtheorie sowie zur Theorie gesellschaftlicher Ordnungen, das gesamte System der theoretischen Ökonomie.

6. Lehrtätigkeit in den Vereinigten Staaten

Doch die *Nationalökonomie*, die Kulmination und Krönung aller seiner bisherigen wissenschaftlichen Arbeiten, ging zunächst nahezu spurlos unter, unbeachtet und einflusslos. Erst fast ein Jahrzehnt später, mit der Veröffentlichung von *Human Action. A Treatise on Economics* im Jahre 1949, einer erweiterten englischen Neufassung der *Nationalökonomie*, begann sich ihre Wirksamkeit zu entfalten.

Seit 1939 war Europa im Kriegszustand. Im Frühjahr 1940, zum Zeitpunkt des Erscheinens der *Nationalökonomie*, marschierten Hitlers Truppen in Frankreich ein. Am 14. Juni wurde Paris besetzt, und zwei Tage später kapitulierte die französische Regierung. Mises war buchstäblich von Feindstaaten umzingelt: Österreich, Deutschland, Italien und nun auch, direkt vor den Toren Genfs, Frankreich. In dieser Situation entschloss er sich, bedrängt von seiner Frau Margit, einer verwitweten Schauspielerin, die er nach langen Jahren der Werbung 1938 in Genf geehelicht hatte, Genf und Europa zu verlassen.

Durch die Vermittlung des befreundeten Professor Benjamin Anderson, zu diesem Zeitpunkt Chefökonom der New Yorker Chase Manhattan Bank, erlangte Mises für sich und seine Frau ein unbeschränktes Einwanderungsvisum für die USA. Anfang Juli 1940 brach das Ehepaar Mises von Genf aus auf: zunächst per Bus, mit einer Vielzahl anderer Flüchtlinge, auf abenteuerlichen Schleichwegen, den vorrückenden deutschen Truppen ausweichend, durch Südfrankreich nach Spanien, von dort nach Lissabon und schließlich nach New York.

Mises war fast 60 Jahre alt, als er Anfang August 1940 in den USA ankam. Er war eine internationale wissenschaftliche Berühmtheit. Seine *Theorie des Geldes und der Umlaufsmittel* und seine *Gemeinwirtschaft* lagen seit Mitte der 1930er-Jahre auf Englisch vor (als *Theory of Money and Credit und Socialism*). Doch während jeder drittklassige europäische Marxist oder »Marxianer« zu dieser Zeit ohne Schwierigkeiten eine ansehnliche akademische Stellung fand, zeigte man Mises, dem größten Theoretiker des Liberalismus und Kapitalismus, im Land des Kapitalismus, seitens der amerikanischen Universitäten und Intelligenz unverblümt und schamlos die kalte Schulter.

Wie die Staaten Westeuropas, so hatten sich auch die Vereinigten Staaten seit Ende des 19. Jahrhunderts zunehmend einer Politik des wohlfahrtsstaatlichen Interventionismus zugewandt. Seit 1913 gab es in den USA eine – bis dahin unbekannte – bundesstaatliche Einkommenssteuer und, mit der Einrichtung des Federal Reserve Systems (FED), eine staatliche Zentralbank und ein staatliches Geldmonopol. Die 1920er-Jahre hatten eine beispiellose, von der FED inszenierte Geld- und Kreditausweitung erlebt, die schließlich in der Great Depression geendet hatte: Die Arbeitslosenrate stieg von 3 Prozent im Jahr 1929 auf über 10 Prozent im folgenden Jahr. In Reaktion auf diese Krise, während der Präsidentschaft von Herbert Hoover und noch stärker während der von Franklin Delano Roosevelt, war Amerika dann den – proto-keynesianischen – Vorbildern des faschistischen Italien und des nationalsozialistischen Deutschland gefolgt: Abschaffung des Goldstandards (und Verbot des Goldbesitzes), erneuerte Papiergeldinflation und Kreditausweitung, staatliche Preis- und Kreditkontrollen,

Schutzzollpolitik, Arbeitsbeschaffungsmaßnahmen, egalitäre Einkommensumverteilung, Sozialpolitik, Steuererhöhungen und öffentliche Verschuldung. Und des eklatanten Misserfolgs dieser Politik ungeachtet – die Arbeitslosenrate stieg auf 25 Prozent im Jahr 1933 und fiel bis zum Eintritt der Vereinigten Staaten in den Zweiten Weltkrieg nicht mehr unter die 15-Prozent-Marke – standen John Maynard Keynes und der Keynesianismus, die diesen Maßnahmen eine – nachträgliche – wissenschaftliche Legitimation verliehen hatten, auf dem Höhepunkt ihrer akademischen Macht.[20] Wer sich, wie die ehemaligen Misesschüler Gottfried von Haberler, Fritz Machlup und Oskar Morgenstern, dem Zeitgeist anpasste und Verbeugungen vor und Kompromisse mit dem dominierenden Keynesianismus machte, dem standen alle akademischen Tore offen: Haberler wurde Professor an der Harvard University, Machlup an der Johns Hopkins University und später an der Princeton University und Morgenstern landete ebenfalls in Princeton. Mises hingegen, der keinerlei Zugeständnisse an die sogenannte »new economics« zu machen bereit war und der die keynesianische Doktrin als bloße Neuauflage jahrhundertealter inflationistischer Irrlehren betrachtete, erschien den Elite-Universitäten Amerikas unannehmbar.

Mises war auf dem Tiefpunkt seines Lebens angelangt. Doch seine Willenskraft und sein intellektueller Mut blieben auch jetzt ungebrochen. Von Ersparnissen lebend, in ärmlichsten Wohnverhältnissen, schrieb er seine bewegenden, ungeschminkt-offenen, erst fünf Jahre nach seinem Tod veröffentlichten *Erinnerungen*. Anfang 1941 begannen sich seine Lebensumstände etwas zu verbessern. Durch die Vermittlung seines ehemaligen Schülers John Van Sickle von der Rockefeller Foundation erhielt Mises ein kleines jährliches, bis Ende 1944 verlängertes Stipendium. Das Resultat waren zwei Bücher: *Omnipotent Government: The Rise of the Total State and Total War* und *Bureaucracy*. Im Ersteren untersuchte Mises den Aufstieg des Etatismus und etatistischer Ideologien in Deutschland, er arbeitete die strukturellen – antikapitalistischen – Ähnlichkeiten des Sozialismus der Nationalsozialisten und desjenigen der deutschen Sozialdemokraten heraus, und er betonte insbesondere die Kontinuität des Phänomens des Nationalsozialismus innerhalb der deutschen Tradition des Etatismus. Mises'

Buch war der erste Angriff auf die mittlerweile diskreditierte, aber zu diesem Zeitpunkt vorherrschende These des deutschen Marxisten Franz Neumann (zu der Zeit Professor an der New Yorker Columbia University), derzufolge der Nationalsozialismus den letzten verzweifelten Versuch der deutschen Großindustrie darstellte, den Kapitalismus vor den sozialistischen Massen zu retten. In *Bureaucracy* erklärte Mises den kategorialen Unterschied zwischen privatwirtschaftlicher Bürokratie – dem bürokratischen Management gewinnorientierter und verlustbedrohter Firmen – einerseits und staatlicher Bürokratie – dem Management steuerfinanzierter Güter- oder Dienstleistungsproduktion – andererseits.

Im gleichen Zeitraum, vermittelt durch Henry Hazlitt, einen prominenten amerikanischen Wirtschaftsjournalisten und zu dieser Zeit wirtschaftspolitischer Editorial Writer der *New York Times*,[21] veröffentlichte Mises eine Reihe von Aufsätzen zu weltwirtschaftlichen Problemen in der *New York Times*. Diese Aufsätze führten zu der Einladung der National Association of Manufacturers an Mises, Mitglied ihrer Grundsatzkommission zu werden. Im Rahmen dieser Tätigkeit, die von 1943 bis 1954 dauerte, traf Mises eine Vielzahl führender, marktwirtschaftlich orientierter Unternehmer. 1945 wurde Mises eine Teilzeit-Gastprofessur an der New York University (NYU) angeboten, und er begann wieder zu lehren. Und von 1949 an – bis er sich 1969 im Alter von 87 Jahren als der älteste aktive Professor in Amerika von seinen Dienstgeschäften zurückzog – wurde aus dieser Position schließlich eine Stellung als permanenter Vollzeit-Gastprofessor. Charakteristischerweise war es aber nicht die Universität, die während dieser Zeit Mises' Gehalt zahlte. Sein Gehalt wurde seitens des William Volker Fund bestritten, einer privaten Stiftung, und nach dessen Auflösung 1962 von einem Konsortium von Geschäftsleuten. Die NYU behandelte Mises trotzdem (oder gerade deswegen) immer nur als einen Professor zweiter Klasse.

7. *Human Action* – kompromisslose Verteidigung des Kapitalismus

Im Jahre 1949 erschien, fast 1000 Seiten lang, Human Action, die Vollendung seines wissenschaftlichen Werkes. »*Human Action*«, schrieb Henry Hazlitt in einer Rezension für *Newsweek,* »ist, kurz gesagt, die zugleich kompromißloseste und rigoroseste Verteidigung des Kapitalismus, die je erschienen ist. Wenn ein einziges Buch die ideologische Flut der letzten Jahre in Richtung von Etatismus, Sozialismus und Totalitarismus umkehren kann, *Human Action* ist das Buch.« Der Vorgänger von *Human Action*, die *Nationalökonomie*, war angesichts der Zeitumstände, vom deutschsprachigen Buchmarkt fast vollständig ausgeschlossen, auf toten Boden gefallen und der schweizerische Verleger war kurz nach der Veröffentlichung infolge der Kriegswirren in Konkurs gegangen. *Human Action* wurde demgegenüber für ein rein theoretisches Buch von höchstem intellektuellen Schwierigkeitsgrad ein einzigartiger Publikationserfolg. Zwar fehlte es nicht an wütenden Attacken und Verurteilungen seitens der sozialistischen und keynesianistischen Intelligenz (so zum Beispiel durch John Kenneth Galbraith), die die amerikanischen Eliteuniversitäten dominierte. Doch konnte dies nicht verhindern, dass *Human Action* einen – bis auf den heutigen Tag – stetig zunehmenden Leserkreis erreichte. So dauerhaft war der Verkaufserfolg des Buches, dass fast 40 Jahre vergingen, bis der Verleger neben der Hardcover- auch eine Paperback-Ausgabe herausbrachte.

Bedeutsamer noch: Mises hatte klar erkannt, dass die akademische Elite in Amerika wie in Europa in ihrer überwiegenden Mehrzahl antikapitalistisch war. Sie wurde durch Steuern finanziert oder subventioniert und war von daher in aller Regel etatistisch. Wenn es darum jemals gelingen sollte, den scheinbar unaufhaltsamen Trend in Richtung Etatismus aufzuhalten oder gar umzukehren, so konnte dies nur geschehen, indem man das allgemeine Publikum direkt, unvermittelt und ungefiltert durch universitäre Interpreten anzusprechen vermochte. *Human Action* erreichte dies Ziel durch seine sprachliche Klarheit, den systematischen Aufbau und die spezifisch Mises'sche praxeologische Methode axiomatisch-deduktiven, Schritt-für-Schritt voranschreitenden logischen Argumentierens. Der Leserkreis von *Human Action* und der Kreis derjenigen, die durch dessen Lektüre zu Misesianern wurden, umfasste und umfasst Personen aus fast allen Schichten und Lebenslagen: Gelehrte, Studenten, Unternehmer, Priester, Journalisten, Rechtsanwälte, Ärzte, Ingenieure und Hausfrauen. Es folgten Übersetzungen des Buches ins Italienische, Französische, Spanische, Chinesische und Japanische. Und aus einer nationalen wuchs eine internationale intellektuelle Bewegung der – durch Mises und *Human Action* verbundenen – »Austrians« und »Austrian Economics«.

Der Erfolg von *Human Action* führte Anfang der 1950er-Jahre zu erweiterten Neuauflagen von *Socialism und Theory of Money and Credit*. Im Jahr 1957 erschien *Theory and History. An Interpretation of Social and Economic Evolution*, nach *Human Action* Mises' persönliches Lieblingskind. Hierin klärte er noch einmal grundsätzlich die Beziehung zwischen Ökonomie und ökonomischen Gesetzen – als einer deduktiven Wissenschaft und a priori wahren Aussagen und apodiktischen Voraussagen – und Geschichte, Soziologie und Psychologie und deren Erklärungen – als auf Verstehen (in der Bedeutung von Wilhelm Dilthey und Max Weber) von Handlungssinn beruhenden Disziplinen mit immer »nur« a posteriori wahren Aussagen und stets »bloß« spekulativen Voraussagen. Er unterwarf insbesondere den Marxismus und den Historismus einer systematischen und vernichtenden Kritik. Anfang der 1960er-Jahre kamen *Liberalismus und die Grundprobleme der Nationalökonomie* in amerikanischen Übersetzungen heraus, und 1962, Mises war mittlerweile über 80 Jahre alt, erschien *The Ultimate Foundation of Economic Science*, Mises' abschließende philosophische Abrechnung mit dem Positivismus und Karl Popper.

Parallel zu diesen schriftstellerischen Arbeiten begann Mises auch wieder eine rege Lehr- und Vortragstätigkeit. Ende 1948 setzte er die Tradition seines Wiener Privatseminars fort und veranstaltete über zwei Jahrzehnte bis 1969 ein wöchentliches »Seminar on Economic Theory« an der NYU. Die Teilnehmer dieses Seminars waren einerseits reguläre Studenten und andererseits – als inoffizielle Hörer – Misesianer aus dem Umkreis New Yorks: Teenager und Pensionäre, Unternehmer und Hausfrauen, Journalisten und Juristen, etablierte und angehende Gelehrte. Und wie in Wien, so ging auch aus dem New Yorker Seminar wieder eine Reihe später bedeutender Wissenschaftler hervor – namentlich Israel Kirzner, bis zu seiner Emeritierung Professor of Economics an der New York University, und der überragende Murray N. Rothbard (1926–1995), in seinem letzten Lebensjahrzehnt S. J. Hall Distinguished Professor of Economics an der University of Nevada, Las Vegas, und Thronfolger Mises' als Oberhaupt der »Austrian School«. Der Historiker Ralph Raico, der als Gymnasiast zu Mises' Seminar gestoßen war und später unter F. A. Hayek an der University of Chicago promovierte, beschrieb die von Mises ausgehende Faszination so: »Mises' immense Gelehrtheit [...]; die kartesianische Klarheit seiner Präsentationen (es erfordert einen Meister, einen komplexen Gegenstand einfach darzustellen); sein Respekt vor der Vernunft, offenkundig in jeder Geste und jedem Blick; seine Höflichkeit, Freundlichkeit und Verständnis, auch gegenüber Anfängern; sein intellektueller Witz, von dem man sagt, daß er nur in den großen Städten gedeiht, ähnlich dem der Berliner oder der Pariser oder der New Yorker, nur wienerisch und sanfter – lassen Sie mich nur dies sagen: In jungen Jahren den großen Mises kennengelernt zu haben, erzeugt im Geist eines Menschen lebenslange Standards dessen, wie ein idealer Intellektueller sein sollte. Es sind dies Standards, die andere Gelehrte, denen man begegnet, nie erreichen, und gemessen an denen der Durchschnittsprofessor – in Chicago, Princeton oder Harvard – einfach ein Witz ist (doch es wäre unfair, sie an einem solchen Maßstab zu messen; hier handelt es sich um zwei völlig unterschiedliche Sorten von Mensch).«[22]

Daneben wurde Mises einer der Gründungsväter der 1947 von F. A. Hayek und W. Röpke ins Leben gerufenen Mont Pelerin Society, einer internationalen Gesellschaft marktwirtschaftlich orientierter Ökonomen und Sozialwissenschaftler. Bis Anfang der 1960er-Jahre nahm Mises regelmäßig an den in stets wechselnden Ländern stattfindenden Jahrestagungen der Gesellschaft teil, und er sah mit Genugtuung wie Schüler und Freunde aus diesem Kreis im Nachkriegseuropa in zum Teil höchste Positionen vorrückten: Ludwig Erhard als deutscher

Wirtschaftsminister und Alfred Müller-Armack und Wilhelm Röpke als seine Berater; Luigi Einaudi als erster Präsident der italienischen Republik; Jacques Rueff als wirtschaftspolitischer Berater Präsident Charles de Gaulles. Doch im Verlauf der Zeit und im Zusammenhang mit dem stetig wachsenden Einfluss der sogenannten Chicago School innerhalb der Mont Pelerin Society wuchs in ihm zunehmend die Enttäuschung über den immer mehr etatistischen Kurs der Gesellschaft und ihre immer stärker ausgeprägte Bereitschaft zum intellektuellen Kompromiss. Milton Friedman zum Beispiel war ein fanatischer Verteidiger eines staatlichen Geldmonopols und eines ungedeckten Papiergeldes; er befürwortete ein staatlich garantiertes Mindesteinkommen (»negative income tax«) und akzeptierte damit vorbehaltlos das Grundprinzip des Wohlfahrtsstaates; und er plädierte für eine progressive Einkommenssteuer als Instrument egalitärer Einkommensumverteilung.[23] Mises' Urteil über Friedman und die Chicagoites war vernichtend, und er scheute sich nicht, es öffentlich auszusprechen: Ihr seid ein Haufen von Sozialisten.[24]

Außerdem war Mises seit ihrer Gründung im Jahre 1946 mit der Foundation for Economic Education verbunden, einer von privaten Spendern finanzierten und der Verbreitung freiheitlich-marktwirtschaftlicher Ideen gewidmeten Stiftung. In der ländlichen Residenz der Stiftung in Irvington-on-Hudson, nur eine knappe Autostunde von seiner Wohnung in Manhattan entfernt, hielt Mises regelmäßig für mehr als zwei Jahrzehnte Vorlesungen und Seminare für Studenten, Gelehrte und gebildete Laien aus allen Lebensbereichen. Seine Verbindung zur National Association of Manufacturers und zum William Volker Fund führte darüber hinaus zu einer stetigen Flut von Vorträgen vor Stiftungen, Verbänden, Vereinen und Universitäten in allen Teilen der Vereinigten Staaten. Und Einladungen und Ehrungen aus aller Welt resultierten in wiederholten ausgedehnten Vortragsreisen nach Europa und Mittel- und Südamerika.

Ende 1969 zog sich Mises, seit Jahren schwerhörig, von seiner Universitätstätigkeit zurück. Während der beiden letzten Lebensjahre versagten seine Kräfte, und am 10. Oktober 1973, kurz nach der Rückkehr von einem Ferienaufenthalt in den Schweizer Alpen, starb Ludwig von Mises in New York im Alter von 92 Jahren.

Auch in seiner zweiten Heimat, den Vereinigten Staaten, blieb es Mises versagt, die Richtung der Politik grundlegend zu verändern. Die wohlfahrtsstaatliche Transformation der amerikanischen Gesellschaft schritt nach dem Zweiten Weltkrieg unverändert voran, schneller unter den Demokraten und langsamer – aber immer in derselben Richtung – unter den Republikanern. Doch anders als in Österreich (und Deutschland) gelang es Mises in den Vereinigten Staaten, die »Austrian Economics« als eine bodenständige – Akademiker und Nicht-Akademiker umfassende und darum vom ständigen Wechsel intellektueller Moden weitgehend unberührte – ideologische Bewegung zu verankern. Zum Zeitpunkt seines Todes war der Österreicher Ludwig von Mises allseits, von Freunden und Feinden, als einer der herausragenden intellektuellen Führer einer radikalen antietatistischen, libertär-konservativen Gegenbewegung und -kultur anerkannt, die an die in der Opposition gegen Roosevelts »New Deal« zusammengeführte, altamerikanische Tradition der »Old Right« anknüpfte.

Nach seinem Tod erlebte die durch Mises begründete ideologische Bewegung mehrere Schwankungen. Anfang der 1970er-Jahre kam es in den USA (wie in den meisten Ländern Westeuropas) erstmals zum Auftreten des Phänomens einer Stagflation – einer inflationären (anstatt, wie früher üblich: deflationären) Rezession. Keynes zufolge hatte ein derartiges Ereignis als »unmöglich« zu gelten; seiner Lehre entsprechend war Inflation gerade das Mittel, um aus einer Rezession herauszukommen! Der die amerikanischen Eliteuniversitäten bis dahin fast unumschränkt beherrschende Keynesianismus war damit in seinen theoretischen Grundfesten erschüttert, und er geriet in eine Krise, aus der er sich bis heute nicht wieder erholt hat. 1974, ein Jahr nach Mises' Tod, erhielt Hayek – als erster Nicht-Keynesianer – den Nobelpreis für Wirtschaftswissenschaften für seinen Beitrag zur Entwicklung der Mises-Hayekschen Konjunkturtheorie. Aus dem Zusammenwirken dieser beiden Ereignisse ergab sich zunächst ein zusätzlich verstärktes Interesse an »Austrian Economics«. In akademischen Kreisen wurde es wieder respektabel, die während der Hoch-Zeit des Keynesianismus ignorierte oder vergessene »Österreichische Schule« zu studieren. Mehrere Stiftungen begannen, Austrian Economics ausdrücklich in ihr Förderprogramm aufzunehmen. Konferenzen und Bücher zum Thema Austrianism häuften sich. Und prominente ex-Misesianische Keynesianer wie Fritz Machlup und Gottfried von Haberler bekannten sich wieder als Austrians.

Ende der 1970er-Jahre und insbesondere mit Beginn der Reagan-Präsidentschaft begann dieses Interesse wieder abzuflachen. Die Chicago School hatte inzwischen die Keynesianer als die Schule verdrängt, die die akademischen Wirtschaftswissenschaften dominierte. Und um Eingang in die Reagan-Administration zu finden, begannen eine Reihe vormaliger Förderer und Geförderter sich vom harten misesianischen Kern und der praxeologischen Methode der Österreichischen Schule zu distanzieren: Hayek als Befürworter eines moderaten Wohlfahrtsstaats, Anhänger Poppers und Anti-Rationalist galt als annehmbar; doch Mises sei zu extrem, dogmatisch und rationalistisch und müsse als »Reaktionär« aus der Bewegung ausgeschlossen werden.

Seit Beginn der 1980er-Jahre kam es als Reaktion auf diese Distanzierungsmanöver zu einer durch den langjährigen Mises-Schüler Murray N. Rothbard angeführten ideologischen Gegenbewegung. Rothbard hatte sich bereits zu Lebzeiten Mises' mit seinem 1962 veröffentlichten Buch *Man, Economy, and State* als dessen intellektueller Erbe etabliert. Mises hatte das umfassende Werk rezensiert und mit höchstem Lob ausgestattet. Seitdem hatte Rothbard sich mit einer Vielzahl grundlegender Bücher und zahllosen Aufsätzen eine in seiner Eminenz Mises ebenbürtige Position geschaffen. In Zusammenarbeit mit Rothbard gründete der Journalist und Mises-Verehrer Lewellyn H. Rockwell 1982 das in Auburn, Alabama, angesiedelte, durch ausschließlich private Spenden finanzierte Ludwig von Mises Institute. Das Institut organisiert wissenschaftliche Konferenzen, Lehrseminare, vergibt Stipendien und verlegt Bücher, gelehrte und populäre Zeitschriften und Magazine. Durch diese Tätigkeiten wurde seither wieder mit charakteristischer Kompromisslosigkeit der Idee einer liberalen Gesellschaft

Gehör verschafft, die Mises in seinem zeitlos aktuellen Buch *Liberalismus* unmissverständlich klar und knapp erläutert hat: Privateigentum und auf Arbeitsteilung aufbauender wechselseitig vorteilhafter Tausch als Grundlagen von Moral und wirtschaftlichem Wohlstand; eine Regierung, deren ausschließliche Funktion die Sicherung und Durchsetzung dieser privaten Eigentumsrechte und der aus ihnen resultierenden Marktwirtschaft ist – die insbesondere weder in die sich als Ergebnis von Marktprozessen ergebende persönliche Einkommens- und Vermögensverteilung noch in das Erziehungs- und Bildungswesen »korrigierend« eingreift und die jederzeit mit einem uneingeschränkten Recht auf Sezession kleinerer von größeren Einheiten konfrontiert ist; und Freihandel und ein internationaler Goldstandard.

Mit Anbruch des Internetzeitalters, seit Ende der 1990-er Jahre des vergangenen Jahrhunderts, wurde die Institutstätigkeit noch weiter verstärkt und ausgedehnt. Eine täglich erneuerte und aktualisierte Website – www.mises.org – kam hinzu, die innerhalb kurzer Zeit zur weltweit meistgelesenen wirtschaftswissenschaftlichen Internetseite wurde. Und gleichzeitig debütierte Lew Rockwell mit www.lewrockwell.com und komplettierte die inhaltlich eng auf wirtschaftstheoretische und -philosophische Themen begrenzte Mises.org-Seite mit täglich wechselnden Analysen und Kommentaren zu aktuellen politischen und kulturellen Themen zu einer intellektuellen Gesamtschau: dem Programm des Austro-Libertarismus. Er etablierte diese Seite schnell und andauernd zur international führenden libertären Internetseite.

Hinzu kamen eine Reihe von äußeren Ereignissen, die eine dramatische Bestätigung Mises'scher Analysen lieferten. Zum einen war da der spektakuläre Kollaps des Sozialismus in Osteuropa Anfang der 1990er-Jahre, den Mises bereits 1920 in seiner Arbeit über die Unmöglichkeit der Wirtschaftsrechnung im Sozialismus vorausgesagt hatte. Daneben nahm auch die von Mises in seiner Kritik des wirtschaftlichen Interventionismus prognostizierte Krise der westlichen Wohlfahrtsstaaten in den USA und Europa immer deutlichere Züge an. Und schließlich stellte die große Banken- und Finanzkrise der Jahre 2007/08 und die nachfolgende und noch anhaltende »Große Rezession« eine weitere eindrucksvolle Bestätigung der Mises'schen Konjunkturtheorie dar. Während eine ganze Reihe mit dieser Theorie vertrauter österreichischer Ökonomen die Krise frühzeitig erkannt und vorausgesagt hatten, zeigten sich praktisch sämtliche Mainstream-Ökonomen, ob Keynesianer oder Monetaristen, von den Ereignissen komplett überrascht und fanden keine Erklärungen.

Als Resultat dieser Aktivitäten und der Kraft der Ereignisse ist die durch Mises begründete ideologische Bewegung heute populärer und einflussreicher als je zuvor. Sämtliche Bücher Mises' befinden sich im Druck und neue Bücher (Aufsatzsammlungen) sind hinzugekommen. Inzwischen lehren Misesianer an vielen amerikanischen Universitäten, und es gibt eine Reihe wirtschaftswissenschaftlicher Fachbereiche mit ausdrücklich österreichischer Ausrichtung. Das studentische Interesse an der durch Mises repräsentierten Austrian Economics ist schnell und stetig gewachsen. Und durch den ehemaligen Kongressabgeordneten, Mises-Verehrer, Rothbard-Freund und langjährigen Mises-Institute-Verbündeten Ron Paul und dessen republikanische Präsidentschaftskandidatur im Jahr 2012 ist das austro-libertäre Programm mittlerweile sogar einem Millionenpublikum eröffnet worden.

Die österreichische – misesianische – Stimme stellt so heute nicht nur in der amerikanischen öffentlichen Meinung eine ständige, weithin sichtbare und unverkennbare intellektuelle Kraft dar. Auch international ist der Einfluss Mises' mit inzwischen mehr als zwei Dutzend Mises-Instituten in aller Welt, seit 2012 auch in Deutschland, zunehmend angewachsen.

Doch auch heute, 40 Jahre nach Mises' Tod, ist der Triumph der Mises'schen Ideen immer noch unvollständig und steht es zu befürchten, dass das, was Mises 1962 im Vorwort zur amerikanischen Übersetzung von *Liberalismus* schrieb, auch weiterhin Geltung behält: »Als ich vor 35 Jahren versuchte, die Ideen und Prinzipien der einst unter dem Namen Liberalismus bekannten Sozialphilosophie zusammenzufassen, erlag ich nicht der eitlen Hoffnung, dass meine Darstellung die drohenden Katastrophen verhindern würde, zu denen die durch die europäischen Nationen verfolgten Politiken offenkundig führen mussten. Es ging mir allein darum, der kleinen Minderheit denkender Menschen eine Möglichkeit zu eröffnen, etwas über die Ziele und die Leistungen des klassischen Liberalismus zu lernen und dadurch den Weg für eine Wiederauferstehung des Geistes der Freiheit nach dem bevorstehenden Debakel vorzubereiten.«

Anmerkungen

1 F. A. Hayek, »Einleitung« zu Erinnerungen von Ludwig von Mises, Stuttgart: Gustav Fischer, 1978, S. XI.

2 Sein jüngerer Bruder, Richard von Mises, wurde ein bedeutender Mathematiker und Wahrscheinlichkeitstheoretiker. Er lehrte an der Universität Berlin und später, nach einigen Jahren in Istanbul, an der Harvard Universität.

3 Ludwig von Mises, *Die Entwicklung des gutsherrlich-bäuerlichen Verhältnisses in Galizien (1772–1848),* Wien: Franz Deuticke, 1902 (Wiener Staatswissenschaftliche Studien. 4. Bd., 2 Hft.) Carl Grünberg folgte Anfang der 1920er-Jahre einem Ruf an die Universität in Frankfurt am Main und wurde dort der erste Leiter des Instituts für Sozialforschung, das später unter der Leitung von Max Horkheimer und in Verbindung mit Theodor Adorno, Herbert Marcuse und Jürgen Habermas Berühmtheit erlangen sollte.

4 Carl Menger (1840–1921), der Begründer (zusammen mit und unabhängig von W. St. Jevons und L. Walras) der subjektivistischen Wertlehre und der neoklassischen Ökonomie, Vater der Wiener Grenznutzenschule und im »Methodenstreit« als der Anwalt reiner Theorie Gegner Gustav Schmollers und der historischen Schule, stand im Begriff, seine 1873 begonnene Lehrtätigkeit an der Wiener Universität einzustellen, als Mises dort sein Studium aufnahm. Eine persönliche Bekanntschaft zwischen Menger und Mises entstand erst nach 1910. Mengers früher Rückzug aus dem öffentlichen Leben hatte seinen Grund in einem ihn immer stärker erfüllenden Pessimismus. In der Abkehr der europäischen Welt von Liberalismus und Kapitalismus während des letzten Drittels des 19. Jahrhunderts – und in Österreich insbesondere seit Ende der 1870er Jahre – sah Menger den Vorboten einer kommenden Katastrophe. Er sah keine Möglichkeit, diese Katastrophe abzuwenden. Selbst an der Wiener Universität war er isoliert und zunehmend einflusslos. Die Lehrstühle in Österreich und Wien fielen mehr und mehr in die Hände von Vertretern der preußisch-deutschen historischen Schule. Menger prägte mit diesem Pessimismus u. a. seinen Schüler und Freund, Erzherzog Rudolf, den Thronfolger. Rudolf beging 1889 zusammen mit seiner Geliebten in Mayerling Selbstmord.

5 Eugen von Böhm-Bawerk (1851–1914) erweiterte das Werk Mengers systematisch um die Zins- und Kapitaltheorie. Sein monumentales Hauptwerk ist die dreibändige Arbeit *Kapital und Kapitalzins.* Seine Kritik der Arbeitswertlehre versetzte der Marx'schen Ökonomie den Todesstoß. Als Finanzminister setzte sich Böhm, Liberaler wie Carl Menger, für eine strikte Einhaltung der Goldparität der österreichischen Währung und ein ohne Hilfe der Zentralbank ausgeglichenes Staatsbudget ein.
Andere prominente Teilnehmer des Böhm-Seminars waren der der Lausanner (Walras) Schu-

le zuzurechnende Ökonom Joseph Schumpeter, der Marxo-Positivist Otto Neurath und der Austro-Marxist und spätere sozialdemokratische Parteiführer Otto Bauer.

6 Solange Geld ein Warengeld ist, für das es auch andere, nicht monetäre Verwendungsweisen gibt (bei Gold z. B. als Schmuckmaterial), ist eine Geldvermehrung natürlich nützlich, insofern sie die Güterversorgung in diesen nicht monetären Verwendungen – als Konsum- oder Kapitalgüter – erhöht. Nur hinsichtlich seiner monetären Verwendung ist jede Geldmenge gleichermaßen optimal.

7 In späteren Arbeiten ging Mises sogar noch einen Schritt weiter: Um Konjunkturzyklen vollständig zu vermeiden, ist es erforderlich, dass jede Ausgabe (durch Gold) ungedeckter Banknoten untersagt wird. In dem Ausmaß, in dem Geschäftsbanken als Depositenbanken tätig werden und ihren Einlegern das Recht auf jederzeitige Bareinlösung gewähren (im Gegensatz zu ihrer Funktion als Spar- und Darlehensbanken, bei der Einlegern zeitliche Kündigungsfristen auferlegt werden), müssen sie zu einer 100-prozentigen Reservehaltung verpflichtet sein.
Die ausgearbeitete Form seiner Konjunkturtheorie legte Mises 1928 in seinem Buch *Geldwertstabilisierung und Konjunkturpolitik* vor. Im englischen Sprachbereich wurde die Theorie durch Friedrich A. Hayek und sein 1931 veröffentlichtes Buch *Prices and Production* bekannt. 1974, ein Jahr nach Mises' Tod (!), erhielt Hayek den Nobelpreis für Wirtschaftswissenschaften für seinen Beitrag zur Entwicklung der Mises-Hayek'schen Konjunkturtheorie.
Mises' *Theorie des Geldes und der Umlaufsmittel* wurde 1914 von John Maynard Keynes (1883–1946) rezensiert (*Economic Journal* XXIV: 417–419). Nach einigem Lob kritisierte Keynes das Buch als »nicht konstruktiv« und als »nicht originell«. Dabei war Keynes, eigenem späteren Eingeständnis zufolge, des Deutschen nicht mächtig. In seinem 1930 veröffentlichten *Treatise on Money* bekannte er (Bd. I, S. 199, Anmerkung 2): »Auf Deutsch kann ich nur das klar verstehen, was ich schon weiß! – so daß mir neue Ideen durch die Schwierigkeit der Sprache verborgen bleiben.«

8 Für diesen Verrat von seinen Genossen angeprangert, richtete Bauer seinen Hass gegen Mises. Er hetzte Studenten gegen ihn auf und versuchte, erfolglos, Mises' Entfernung aus dem Lehrkörper der Wiener Universität zu erreichen.

9 Die Tauschrate zwischen US-Dollar und Deutscher Mark war im Juli 1914 1:4. Im November 1923, kurz vor der Rentenmarkreform, war sie 1:4,2 Billionen!

10 Bereits 1919 war sein Buch *Nation, Staat und Wirtschaft* erschienen, in dem Mises anhand einer Vielzahl zeitgeschichtlicher Analysen die Probleme der Nachkriegsordnung und insbesondere die Frage des Nationalismus untersuchte. Ähnlich wie in seinem späteren Buch *Liberalismus*, zeigte er, dass nur eine strikte Politik des Laissez Faire, bei der sich Staaten insbesondere jeden Eingriffs in das Schul- und Erziehungswesen enthalten, ein harmonisches Zusammenleben unterschiedlicher Volks-, Religions- und Sprachgruppen gewährleisten kann.

11 Friedrich von Wieser (1842–1926), nach dem mit ihm verschwägerten Böhm-Bawerk der wichtigste Vertreter der zweiten Generation der Wiener Schule, seit 1903 Mengers Lehrstuhlnachfolger, im Unterschied zu Menger und Böhm Etatist und Sozialreformer, war Hayeks erster Lehrer.

12 E. Craver, »The Emigration of Austrian Economists«, *History of Political Economy* 18, 1987, S. 5.
Tatsächlich spielte der Antisemitismus die geringste Rolle. So stellte Hayek in einem unvollendeten Essay für das New Palgrave Dictionary fest, dass es an der Wiener Universität und insbesondere in der rechtswissenschaftlichen Fakultät, in der die Wirtschaftswissenschaften angesiedelt waren, durchaus eine beträchtliche Zahl jüdischer Professoren gab. Allerdings war die Berufung eines Juden üblicherweise von der Zustimmung durch die Wiener jüdische Gemeinde abhängig. Mises hatte sich in dieser Gemeinde mit seiner vernichtenden Kritik

des Sozialismus höchst unbeliebt gemacht. Seine Berufung wurde deshalb nicht zuletzt durch den Antikapitalismus des Wiener Judentums verhindert.

13 Die Lehrstühle gingen an Othmar Spann, Hans Mayer und Ferdinand Graf Degenfeld-Schonburg. Spann, mit der theoretischen Nationalökonomie kaum vertraut, Vertreter einer organizistischen Gesellschaftslehre (»Universalismus«) und Antisemit, wurde als ein Theoretiker des Nationalsozialismus bekannt. Mayer, der Lieblingsschüler Wiesers und dessen kritikloser, steriler Nachfolger, war Meister des Opportunismus. In steter Anpassung an wechselnde politische Realitäten war er zunächst etatistischer Sozialreformer. Nach dem »Anschluss« 1938 stellte er sich als Nationalsozialist heraus und attackierte den mit ihm persönlich verfeindeten Spann als nicht nationalsozialistisch genug (Spann wurde anschließend verhaftet und gefoltert). Nach der Besetzung Wiens durch die Sowjets war Mayer kommunistisches Parteimitglied, und schließlich wurde er Sozialdemokrat. Degenfeld, der Nachfolger Grünbergs, war ein bedeutungsloser Wirtschaftshistoriker. Seine Qualifikation waren sein Adelstitel, seine ihn entstellenden Kriegsverletzungen sowie sein Antisemitismus.
Zweimal war es im Gespräch, Mises an eine deutsche Hochschule zu berufen (1925, an die Universität Kiel, und 1928, an die Handelshochschule Berlin). Beide Male wurde sofort eine Hetzkampagne gegen Mises entfesselt und die Berufung unterblieb.
Mises' Urteil über die durch die historische Schule dominierten und im Verein für Sozialpolitik organisierten (klein)deutschen Sozialwissenschaften war vernichtend. Doch gab es im Deutschen Reich auch eine Reihe mit Mises freundschaftlich verbundener Gelehrter, namentlich Max Weber, Max Scheler, Leopold von Wiese, Albert Hahn, Walter Sulzbach, Wilhelm Röpke, Alexander Rüstow, Götz Briefs, Georg Halm, Richard Passow, Eberhard Gothein und Ludwig Pohle.

14 Fritz Machlup war der Einzige, der später als Ökonom berühmt werdenden Schüler Mises', der seine Doktorarbeit unter ihm schrieb. Friedrich von Hayek, Gottfried von Haberler und Oskar Morgenstern wurden erst nach ihrer Promotion offizielle Mises-Schüler. Ihnen gelang die Habilitation. Machlups Habilitationsversuch dagegen scheiterte. Er benötigte die Unterstützung zumindest eines der drei Ordinarien. Mayer lehnte ihn ab, weil er Mises' Schüler war. Spann und Degenfeld, weil er – anders als Hayek, Haberler und Morgenstern – Jude war.

15 Vgl. M. v. Mises, *My Years with Ludwig von Mises,* Appendix One, S. 203.

16 Pro forma, um die Universitätsordinarien nicht zu brüskieren, wurde Hans Mayer zum Vorsitzenden gewählt. Nach Mises' Weggang 1934 schlief die Gesellschaft langsam ein. 1938 teilte Hans Mayer Mises schriftlich mit, dass er als Nicht-Arier aus der Gesellschaft ausgeschlossen sei.

17 Hayek verließ Österreich 1931, um eine Professur an der London School of Economics zu übernehmen; Machlup emigrierte 1933 in die Vereinigten Staaten; Haberler ging 1934 nach Genf und 1936 in die USA; und Morgenstern wanderte 1937 in die Vereinigten Staaten aus.

18 Weitere Mitglieder des Wiener Kreises waren Otto Neurath, Rudolf Carnap, Carl G. Hempel, Herbert Feigl, Victor Kraft, Fritz Waismann und Gustav Bergmann. Ludwig Wittgenstein und Karl Popper gehörten zu seinem weiteren Umfeld.
Das Verhältnis der beiden Mises-Brüder war lange Zeit angespannt. Es verbesserte sich während der Zeit ihrer amerikanischen Emigration, war aber nie eng. Richards Buch *Positivismus* war Ludwigs Urteil zufolge von der ersten bis zur letzten Seite falsch. Dagegen akzeptierte Ludwig die von Richard entwickelte »objektive Häufigkeitsinterpretation« der Wahrscheinlichkeitstheorie. In der *Nationalökonomie* entwickelte er eine selten beachtete entscheidende Verbesserung der Richard von Mises'schen Theorie, indem er eine einwandfreie (zirkellose) Definition der Begriffe der Zufallsartigkeit bzw. der Regellosigkeit lieferte.

Der volle Durchbruch der positivistischen Philosophie in die Ökonomie erfolgte mit Milton Friedmans 1953 veröffentlichtem Aufsatz »The Methodology of Positive Economics«.

19 Um den Charakter der Ökonomie als einer nicht hypothetischen, aprioristischen Realwissenschaft zu betonen, wählte Mises für sie ursprünglich die Bezeichnung »Soziologie« und später – da dieser Terminus inzwischen eine völlig andersartige Bedeutung angenommen hatte – »Praxeologie« (Logik des Handelns).
Im englischen Sprachbereich wurden Mises' Untersuchungen zur Grundlegung der Wirtschaftswissenschaften vor allem durch seinen Schüler Lionel (Lord) Robbins bekannt gemacht. In dessen 1932 erschienenem Buch *The Nature and Significance of Economic Science* vertritt Robbins, in etwas verwässerter Form, dieselbe erkenntnistheoretisch-methodologische Position wie Mises. Robbins' Buch galt für etwa zwei Jahrzehnte – bis zum Durchbruch der Positivisten und Popperianer Anfang der 1950er-Jahre – als methodologisches Grundlagenwerk und methodologischer Leitstern für Ökonomen.

20 Die Tatsache, dass J. M. Keynes sich mit der nationalsozialistischen Wirtschaftspolitik identifizierte und sie mit seiner Autorität legitimierte, wird von Keynesianern begreiflicherweise gern verdrängt. Tatsächlich schrieb Keynes in der Einleitung zu der Ende 1936 veröffentlichten deutschen Übersetzung seiner *General Theory* aber eindeutig und unmissverständlich (S. 80): »Die orthodoxe Überlieferung, die im England des 19. Jahrhunderts herrschte, hat nie eine so starke Macht auf das deutsche Denken ausgeübt. In Deutschland hat es immer wichtige Wirtschaftsschulen gegeben, die die Zulänglichkeit der klassischen Theorie für die Analyse zeitgenössischer Ereignisse stark in Frage gestellt haben. [...] Ich darf daher vielleicht erwarten, daß ich bei den deutschen Lesern auf weniger Widerstand stoßen werde als bei den englischen, wenn ich ihnen eine Theorie der Beschäftigung und Produktion als Ganzes vorlege, die in wichtigen Beziehungen von der orthodoxen Theorie abweicht. [...] Die Theorie der Produktion als Ganzes kann viel leichter den Verhältnissen eines totalen Staates angepaßt werden als die Theorie der Erzeugung und Verteilung einer gegebenen, unter Bedingungen des freien Wettbewerbs und eines großen Maßes von *Laissez-faire* erstellten Produktion.«

21 Henry Hazlitt ist Autor einer Vielzahl von Büchern zu wirtschaftstheoretischen, politischen und philosophischen Themen. Sein bekanntestes und einflussreichstes Werk – in über ein Dutzend Sprachen (auch ins Deutsche) übersetzt und bis auf den heutigen Tag ein veritabler Bestseller – ist *Economics in One Lesson*. Hazlitt hatte die englische Übersetzung von Mises' Gemeinwirtschaft rezensiert und war dabei zu einem Verehrer Mises' – und später zu einem seiner engsten persönlichen Freunde – geworden.

22 R. Raico, »The Legacy of Ludwig von Mises", *The Libertarian Review,* September 1981.

23 Vgl. z. B. M. Friedman, »A Monetary and Fiscal Framework for Economic Stability", *American Economic Review,* Juni 1948. Darüber hinaus war Friedman als Angestellter der amerikanischen Treasury während des Zweiten Weltkriegs maßgeblich verantwortlich für die Einführung des automatischen – durch den Arbeitgeber vorgenommenen – Steuervorabzugs (»withholding tax«) und hatte somit persönlich zu einem dramatischen Anwachsen des Steueraufkommens und staatlicher Macht beigetragen.

24 Es ist bezeichnend für den Gegensatz von »Austrians« und »Chicagoites«, dass sich das Economics Department der University of Chicago (in dem Friedman angesiedelt war) weigerte, F. A. Hayek eine Position anzubieten, als dieser Anfang 1950 aus England in die USA auswanderte: Hayek wurde Professor of Social and Moral Sciences im Committee on Social Thought der University of Chicago; und auch Hayeks Gehalt wurde nicht von der Universität bezahlt, sondern ebenfalls, wie im Falle Mises', vom William Volker Fund. Obwohl Mises bis zum Schluss ein herzlich-enges Verhältnis zu Hayek unterhielt und mit Stolz auf seinen einstigen Schüler und Assistenten blickte, so zeigte er sich doch betrübt, dass Hayek während der Zeit an der London School of Economics zunehmend unter den Einfluss

seines dortigen Kollegen und Wiener Freundes Karl Popper und dessen methodologischer Irrlehren geraten war und dass auch Hayek in seinen späteren Arbeiten zur politischen Philosophie – namentlich in der *Verfassung der Freiheit* – dem Irrtum erlag, ähnlich wie Friedman, an die Vereinbarkeit von Wohlfahrtsstaat und Freiheit zu glauben. Zum Kontrast von Mises und Hayek vgl. J. Salerno, »Ludwig von Mises as Social Rationalist«, *Review of Austrian Economics,* Vol. 4, 1990; J. Herbener, »Ludwig von Mises and the Austrian School of Economics«, *Review of Austrian Economics,* Vol. 5, 2, 1991; M. N. Rothbard, »The Present State of Austrian Economics«, Working Paper, Auburn, Al.: Ludwig von Mises Institute, 1992; H. H. Hoppe, »F. A. Hayek on Government and Social Evolution. A Critique«, *Review of Austrian Economics,* Vol. 7, 2, 1993.

Teil II

Mises' Geldtheorie –

von Jörg Guido Hülsmann

»Mein Buch wurde, wie nicht anders zu erwarten, von den Zeitschriften der deutschen Staatswissenschaftler in schroffster Weise abgelehnt. Ich habe mich darum wenig gekümmert. Ich wußte, daß meine Auffassungen sich bald durchsetzen würden. Und ich sah mit Grauen die Katastrophe, die ich angekündigt hatte, vor der Tür stehen.«

Ludwig von Mises, Erinnerungen, 1978, S. 38.

Die Erstveröffentlichung von Ludwig von Mises' *Theorie des Geldes und der Umlaufsmittel* im Jahr 1912 markiert einen wichtigen Wendepunkt des nationalökonomischen Denkens. Mises gelang seinerzeit eine Neufassung der Geldtheorie und der Lehre von den Banken, indem er sie in die von Carl Menger entwickelte subjektivistische Werttheorie einfügte. Von dieser Grundlage ausgehend bezog er eine geldpolitische Position, die den damals wie heute vorherrschenden Konzeptionen weitgehend entgegengesetzt war. Sein geldtheoretisches Denken ist daher nach wie vor noch ein wichtiger Anlaufs- und Ausgangspunkt für Ökonomen, die dem geldpolitischen Interventionismus skeptisch gegenüberstehen.

Mises entwarf jedoch nicht nur eine völlig neue Grundkonzeption, sondern lieferte auch zahlreiche Anregungen und Klärungen zu theoretischen Einzelfragen. Um nur die wichtigsten dieser Beiträge zu nennen: Mises stellte die allgemeine Theorie des subjektiven Güterwerts auf eine entscheidungslogische Grundlage. Er entwickelte eine subjektivistische Typologie der Geldarten und im Anschluss daran eine systematische Theorie der Ursachen und Folgen der Geldpreise. Er untersuchte die internationalen Auswirkungen einer veränderten Geldnachfrage und eines veränderten Geldangebots und wurde somit zu einem Vordenker der internationalen Geldwirtschaft. Er studierte die Grundsätze der Preisbildung auf unorganisierten Märkten. Er widerlegte die mechanistische Quantitätstheorie des Geldes, mechanistische Theorien der Güterpreise, die Theorie der Index-Zahlen, die Theorie der Currency-Schule und die Theorie der Banking-Schule. Nicht zuletzt entwickelte er eine berühmte Krisentheorie, deren Kern- und Angelpunkt in der Einsicht bestand, dass die künstliche Ausweitungen der Geldmenge der Tendenz nach zu intertemporalen Ungleichgewichten innerhalb der Produktionsstruktur führen.

Nachfolgend wollen wir zunächst den geschichtlichen Hintergrund seines Denkens deutlich machen. Anschließend werden wir die wesentlichen Gedanken seiner *Theorie des Geldes und der Umlaufsmittel* nachzeichnen.[1]

1. Geschichtlicher Hintergrund

Die Bedeutung der Mises'schen Theorie liegt vor allem darin, dass er die klassische Geldtheorie auf eine völlig neue und solidere Grundlage stellte und somit auch in politischer Hinsicht aus dem Dornröschenschlaf erweckte, in den sie in den Jahrzehnten nach 1844 gefallen war. Wir wollen also zunächst auf die Besonderheiten der klassischen Geldtheorie und die Gründe ihres Verfalls eingehen. Dazu beginnen wir der Einfachheit halber mit Adam Smith.

Die klassische Revolution

Smith (1723–1790) wird häufig zum Gründervater der Nationalökonomie überhöht. Das liegt insbesondere daran, dass er in seinem Werk *Der Wohlstand der Nationen* (1776) überzeugend darlegte, dass der gesamtwirtschaftliche Wohlstand nicht vom *Niveau* der Geldausgaben abhängt. Zwar hielt er den Geldgebrauch für eine unabdingbare Voraussetzung einer weitreichenden Arbeitsteilung, doch die Menge des Geldes und der Umfang der Geldausgaben waren an und für sich irrelevant. Der gesamtwirtschaftliche Wohlstand stieg durch vermehrte Arbeitsteilung und durch eine sparsamere Lebensführung zum Zwecke der Kapitalbildung. Aber er stieg nicht durch die Verfügbarkeit einer größeren Geldmenge bzw. durch umfangreichere Geldausgaben. Alle Maßnahmen und politischen Eingriffe, die auf eine Erhöhung dieser Größen abzielten, waren letztlich nicht zweckdienlich.

Mit dieser Auffassung stellte sich Adam Smith gegen eine jahrhundertelang vorherrschende Lehre, die er »Merkantilismus« nannte. Der Umfang der Geldausgaben war dieser Lehre zufolge der eigentliche Motor der wirtschaftlichen Entwicklung. Die staatlichen Behörden versuchten daher mit allerlei Maßnahmen, vermehrtes Geldausgeben zu fördern, u. a. indem sie die Gründung von geldschöpfenden Banken nach Kräften unterstützten. Vor allem in den Ausgaben des Staates sahen sie einen wichtigen Beitrag zum gesamtwirtschaftlichen Wohlstand. Die bürgerliche Forderung nach sparsamer Regierung und nach einer Begrenzung der staatlichen Tätigkeiten erschien ihnen als bloßer Ausfluss des eigensinnigen Denkens ihrer Untertanen.

Adam Smith und die von ihm inspirierten klassischen Ökonomen legten diese traditionelle Auffassung in Schutt und Asche. Das geschah keineswegs über Nacht, sondern erst nach einem jahrzehntelangen Ringen um die besseren Ideen. Schließlich kam es in den Jahren zwischen 1840 und 1870 zu einem Durchbruch der klassisch-liberalen Wirtschaftspolitik, und auch im Bereich der Geldordnung setzte sich die klassische Auffassung durch. Da die Geldmenge als an sich irrelevant angesehen wurde, bestand das oberste Ziel der Währungspolitik einzig und allein darin, den Markt mit *unverfälschten* Silber- und Goldmünzen zu versorgen. Der Rolle des Staates sollte sich auf die eines Oberaufsehers bzw. Garanten der Münzprägung beschränken. Die Geld*menge* sollte im Wesentlichen durch die wettbewerbliche Minenproduktion geregelt werden und der staatlichen Einflussnahme weitgehend entzogen sein.

In den Jahrzehnten nach 1840 geriet diese klassische Konzeption immer mehr in Bedrängnis und wurde schließlich völlig verdrängt. Dieser Verfall ergab sich nicht zuletzt als Folge ihrer theoretischen Mängel, die zu praktischen Misserfolgen führten.

Adam Smiths Theorie litt unter zwei miteinander zusammenhängenden Schwächen im Bereich der Preistheorie. Insbesondere glaubte er, dass die Güterpreise letztlich durch die Herstellungskosten und nur indirekt durch Angebot und Nachfrage bestimmt werden. Von diesem falschen Grundsatz ausgehend gelangte er für den besonderen Fall eines (in Edelmetalle) konvertiblen Papiergeldes zu einem fatalen Irrtum. Smith glaubte nämlich, dass die Emission eines solchen Papiergeldes nicht zu einer dauerhaften Erhöhung der Gesamtgeldmenge und des Preisniveaus führen könne. Denn durch die Konvertibilität sei sichergestellt, dass das Papiergeld die gleiche Kaufkraft wie das zugrunde liegende Edelmetall habe, und diese sei durch die Produktionskosten objektiv festgelegt. Da sich aber die Kaufkraft nicht ändere, bliebe auch die Gesamtnachfrage nach Geld unverändert. Wenn also die Marktteilnehmer aus irgendeinem Grund begännen, mehr Papiergeld zu benutzen, so ginge dies zwangsläufig mit einer verminderten Verwendung der Edelmetalle einher. Das eine Tauschmittel (Edelmetalle) würde durch das andere Tauschmittel (Papiergeld) verdrängt, aber dies hätte keine dauerhaften Auswirkungen auf das gesamte Geldangebot und die gesamte Geldnachfrage. Aus genau diesem Grunde war die Einführung eines konvertiblen Papiergeldes in Smiths Augen auch durchaus wünschenswert. Denn dadurch würde ein teures Gut (Gold) durch ein billiges Gut (Papier) ersetzt, und die auf diese Weise gesparten Ressourcen könnten somit an anderer Stelle eingesetzt werden und den Wohlstand der Nationen mehren.

So groß war die Autorität Adam Smiths im 19. Jahrhundert, dass es zweier großer Debatten bedurfte, bevor die Ökonomen sich allmählich von seinen geldtheoretischen Irrtümern befreiten. Doch wie wir im Folgenden darlegen werden, traten dabei neue Irrtümer auf, die zu schwerwiegenden wirtschaftspolitischen Fehlern führten. Am Ende verfiel damit das Ansehen der klassischen Geldlehre und der alte, von Adam Smith bekämpfte Merkantilismus machte sich wieder breit, zuerst in der Wirtschaftspolitik und schließlich auch in der universitären Lehre.

Die Bullion-Kontroverse

Die erste dieser Debatten – die sogenannte Bullion-Kontroverse – spielte sich in der ersten Dekade des 19. Jahrhunderts im britischen Unterhaus ab.[2] Seinerzeit hatte die Bank von England ihre Goldzahlungen eingestellt und die Emission ihrer Noten zur Kriegsfinanzierung kräftig erhöht. Die natürliche Folge war ein Anstieg der Güterpreise und das Aufkommen eines Goldagios, aber die Vertreter der Bank wollten diesen Zusammenhang nicht gelten lassen. Sie meinten, die Bank könne überhaupt nicht mehr Noten in den Umlauf bringen als es dem Bedarf des Publikums entspreche. Diese Auseinandersetzung, an der u.a. die berühmten Ökonomen David Ricardo (1772–1823) und Henry Thornton (1760–1815) beteiligt waren, endete mit der Veröffentlichung des Berichts der zuständigen Parlamentskommission. In ihrem *Bullion Report* wurde festgestellt, dass die Emissionen der Bank in der Tat eine Ursache der steigenden Güterpreise waren. Die Bank habe mehr Noten in den Umlauf bringen können, als es dem Bedarf des Publikums entsprach, weil sie die Einlösung ihrer Noten eingestellt habe. Sie wurde daher bedrängt, die Goldkonvertibilität so schnell wie möglich wieder herzustellen, und zwar auf dem Vorkriegsniveau. Das geschah dann auch im Jahre 1821.

Nun blieb allerdings die Frage, ob nicht auch die Emission *konvertibler* Noten zu einer Erhöhung der Gesamtgeldmenge führen könnte und welche Wirkungen sich daraus ergäben. Dies betraf insbesondere solche Banknoten, die nicht oder nur teilweise durch entsprechende

Goldbestände in den Kassen der Emittenten gedeckt waren (Teilreserve-Prinzip). Wurden diese Noten dem Geldumlauf *hinzugefügt* (wachsende Geldmenge) oder *verdrängten* sie einfach nur das Gold, das sonst an ihrer Stelle verwendet worden wäre (unveränderte Geldmenge)?

Diese Frage rückte in den Jahrzehnten zwischen 1820 und 1870 immer mehr in den Mittelpunkt einer großen währungs- und bankpolitischen Auseinandersetzung, die in der gesamten westlichen Welt geführt wurde. Dabei standen sich die Lehrmeinungen der Currency-Schule und der Banking-Schule gegenüber.[3]

Ricardo und die Currency-Schule

Ausgangspunkt der Currency-Schule waren die Lehren Ricardos.[4] Dieser hatte sich sehr viel eingehender als Adam Smith mit der Geldtheorie auseinandergesetzt und war insbesondere zu zwei wichtigen Einsichten gelangt. Erstens hob Ricardo sehr viel deutlicher als Adam Smith hervor, dass Veränderungen der Geldmenge zwar keine dauerhaften *gesamtwirtschaftlichen* Vor- und Nachteile mit sich bringen, sehr wohl aber *einzelwirtschaftliche* Vor- und Nachteile. Insbesondere die Erhöhung der Geldmenge ging immer mit Einkommens- und Vermögensgewinnen für bestimmte Marktteilnehmer einher, denen entsprechende Verluste anderer Marktteilnehmer entgegenstanden. Zweitens betonte Ricardo, dass die Emission ungedeckter Noten notwendigerweise die Zahlungsfähigkeit der Banken einschränken musste. Wenn alle Kunden ihre Noten an den Schaltern der Bank einzulösen begehren, kann die betreffende Bank ihren Zahlungsversprechen unmöglich nachkommen. In diesem Umstand erkannte Ricardo eine wichtige Ursache von Finanz- und Wirtschaftskrisen. Wenn die Emission ungedeckter Noten zu weit getrieben wird, müssen die Banken früher oder später ihre geldgeschöpfte Kreditvergabe einschränken bzw. zurückfahren. Dies kann zu massenhaften Zahlungsproblemen ihrer Kunden führen und dadurch auch die Zahlungsfähigkeit der Banken selber untergraben.

Als Ricardo im Jahre 1823 starb, waren diese krisenhaften Folgen des Teilreserve-Prinzips noch kaum sichtbar. Aber in den darauffolgenden Jahrzehnten kam es zu zahlreichen Bankenkrisen, und die Lehren Ricardos gewannen immer mehr Anhänger, die sich vor allem in den Reihen der Currency-Schule sammelten.[5] Diese Ökonomen zogen die praktischen Schlüsse aus Ricardos Lehren. Sie unterstrichen, dass die bloße Goldkonvertibilität von Banknoten keineswegs ausreicht, um steigende Güterpreise und Bankenkrisen zu unterbinden. Dabei unterstellten sie häufig eine strikte Proportionalität zwischen der Geldmenge und dem Niveau der Güterpreise. Ihre politischen Bestrebungen zielten darauf ab, die Ausgabe ungedeckter *Noten* einzuschränken. Sie meinten allerdings, auf eine ebensolche Einschränkung ungedeckter Sichtguthaben bzw. Kontokorrentkredite verzichten zu können, da diese keine Verwendung als Geld, sondern nur als Kredit hätten.

Über die Wahl der geeigneten Mittel bestand in ihren Reihen keine Einigkeit. Die meisten Anhänger der Currency-School empfahlen zur Begrenzung des Notenumlaufs staatliche Regulierungen, insbesondere das Verbot der Emission ungedeckter Noten. Nur eine Minderheit war der Auffassung, dass unverfälschter Wettbewerb zwischen den Banken dieses Ziel noch besser verwirklichen würde.

Die Banking-Schule

Darauf antworteten die Vertreter der Banking-Schule[6], dass ihre Gegner zunächst einmal einem großen Trugschluss aufgesessen seien, indem sie einen grundsätzlichen Unterschied zwischen Banknoten und Kontokorrentkrediten erkennen wollten. Einen solchen Unterschied gebe es jedoch schlicht und einfach nicht, da auch die Sichtguthaben per Scheck zu Zahlungszwecken verwendet werden können. Nur *die Form* des Geldes sei hier anders: Sichtguthaben seien Giralgeld bzw. Buchgeld. Aber *der Sache nach* bestehe kein wesentlicher Unterschied zu den Banknoten.

Sie hoben auch hervor, dass es keineswegs einen mechanistischen Zusammenhang zwischen der Geldmenge und den Güterpreisen gebe, wie er von den Ökonomen der Currency-Schule häufig unterstellt wurde. Eine 10-prozentige Erhöhung der Geldmenge führe keineswegs dazu, dass alle Güterpreise um genau 10 Prozent stiegen. Es sei auch keineswegs sicher, dass sie überhaupt stiegen. Denn die Güterpreise bildeten sich nicht unter dem einseitigen Einfluss der Geldmenge bzw. des Geldangebots, sondern auch unter dem der Geldnachfrage (Horten von Noten und Sichtguthaben). Wenn Geldangebot und Geldnachfrage beispielsweise gleichzeitig und in gleichem Maße stiegen, so bliebe das Niveau der Güterpreise völlig unverändert.

Aus diesen Überlegungen leiteten die Ökonomen der Banking-Schule ihre zentrale These ab. Sie meinten, dass gerade *ungedecktes* (aber goldkonvertibles) Bankengeld – egal ob in Form von Noten oder in Form von Sichtguthaben – im Wirtschaftsleben eine unersetzliche Rolle spielen kann und daher auch spielen sollte. Denn gerade weil solches Geld kostenlos und gewissermaßen aus dem Nichts geschöpft werden kann, könne mit seiner Hilfe das Geldangebot ständig der Geldnachfrage angepasst werden. Ganz im Geiste Adam Smiths führten sie aus, dass das Geldangebot unter wettbewerblichen Bedingungen niemals dauerhaft von der Geldnachfrage abweichen könne. Unerwünschtes Bankgeld – d. h. Geld, das niemand horten möchte – würde an die Emittenten zurückfließen bzw. bei ihnen zur Einlösung in Gold vorgelegt werden (»Rückflussgesetz«). Würde dagegen zusätzliches Geld benötigt, so würde sich dies in Form von zusätzlichen Kreditanträgen bemerkbar machen, und die Banken könnten diese Anträge dann durch vermehrte Geldschöpfung befriedigen, ohne die Preisniveaustabilität in Gefahr zu bringen. Gerade die Schöpfung ungedeckten Bankgeldes würde das Geldangebot somit »elastisch« der Geldnachfrage anschmiegen, während es bei starrer metallischer Deckung zu einem ständigen Wechselbad aus steigenden und fallenden Güterpreisen kommen müsse.

Außerdem ergäben sich zwei andere Folgen, die gerade aus der Sicht der klassischen Lehre höchst erstrebenswert seien. Zum einen würden die teuren Edelmetalle durch kostengünstiges Bankgeld ersetzt. Zum anderen aber würde durch die Geldschöpfung auch das Sparvolumen steigen. Denn jede Geldeinheit, die sich im Verkehr erhält (statt an den Emittenten zurückzufließen), würde schließlich von irgendjemandem gehalten, und dieser jemand würde sich somit entscheiden, diesen Teil seines Vermögens zu sparen statt ihn zu verbrauchen.

Peel's Act und die Folgen

Der Streit der beiden Denkschulen endete mit dem vorläufigen Sieg der Currency-Schule, der durch das britische Bankgesetz von 1844 (Bank Charter Act, nach dem verantwortlichen Premierminister auch als »Peel's Act« bekannt) besiegelt wurde. Der Notenumlauf wurde nun gesetzlich gedeckelt. Zur leichteren Durchsetzung dieser Maßnahme wurde die Monopolstellung der Bank von England bei der Notenemission verstärkt, und die anderen Banken wurden in das Kontokorrentgeschäft gedrängt. Für Letzteres wurden jedoch keine besonderen Vorkehrungen getroffen. Hier herrschte freier Wettbewerb, und die Geschäftsbanken konnten nach eigenem Gutdünken schalten und walten.

Es kam, wie es kommen musste. Das Kontokorrentgeschäft erlebte ein exponentielles Wachstum durch die Schöpfung von ungedecktem Buchgeld, das seinen Nutznießern per Kredit zugeteilt wurde. Im gleichen Atemzug wurde natürlich auch die Zahlungsfähigkeit der betreffenden Banken geschwächt. Dies führte in regelmäßigen Abständen zur Zahlungsunfähigkeit der unvorsichtigeren Banken, und daraus entstanden dann auch immer wieder Krisen des gesamten Bankensystems. Die erste dieser großen Krisen nach 1844 ereignete sich im Jahre 1848 und wurde zunächst den einmaligen historischen Umständen angelastet. Doch in der Folgezeit wiederholten sich die Ereignisse auch ohne revolutionäres Umfeld. In den Jahren 1857, 1866, 1873, 1882, 1893 und 1897 kam es in Großbritannien und vielen anderen Ländern zu großen Bankenkrisen.

Die an den Peel's Act geknüpften Erwartungen hatten sich somit nicht erfüllt. Trotz der Deckelung des Notenumlaufs setzte sich das Wechselspiel aus Hausse, Baisse und Bankenkrisen ohne Unterlass fort und verstärkte sich sogar. Dieses praktische Scheitern der Currency-Schule untergrub zunehmend das Ansehen Ricardos und der Currency-Schule, und letztlich führte es auch zum Untergang der klassischen Ökonomie insgesamt.

Eine neue Orthodoxie

Die Lehren der Banking-Schule waren nun im Aufwind. Dies betraf insbesondere die Lehre vom elastischen Geldangebot bzw. vom Nutzen stabiler Güterpreise. Im Verlaufe des 19. Jahrhunderts verfestigte sich immer mehr die Erfahrung, dass die Bankenkrisen in das Wechselspiel von steigenden und fallenden Güterpreisen eingebettet waren. So entstand der Gedanke, das Preisniveau, so gut es geht, zu stabilisieren, um damit hoffentlich auch die Krisen zu vermeiden. Zu diesem Zweck war ein elastisches Bankengeld in der Tat unerlässlich, denn die Produktion der Goldminen folgt nur indirekt und nur sehr langsam den Veränderungen der Geldnachfrage. Ohne Bankgeld würde das Geldangebot, gerade in einer dynamisch wachsenden Wirtschaft, der Geldnachfrage ständig hinterherhinken, sodass sich eine Tendenz zu fallenden Güterpreisen einstellen würde.

Diese Ideen der Banking-Schule verfestigten sich ab dem letzten Viertel des 19. Jahrhunderts zu einer neuen herrschenden Lehre. Ihre hervorragenden Vertreter bis zum Zweiten Weltkrieg waren John Stuart Mill (1806–1873), Alfred Marshall (1842–1924) und Dennis Holme Robertson (1890–1963). Auch heute noch ist sie die Grundlage der Praxis der Zentralbanken, und selbst in der universitären Lehre ist sie fast unangefochten.

Aber noch ein anderer Gedanke, der zuerst von der Banking-Schule vertreten wurde, stieß nun auf immer größeres Interesse. Es wurde bereits erwähnt, dass die Ökonomen der Banking-Schule das vermehrte Halten von Geld als vermehrtes Sparen interpretierten. In den Augen ihrer Gegner war dies einer der gravierendsten Irrtümer der Banking-Schule. Denn wenn diese Auffassung zuträfe, so würde *jede* Erweiterung des Geldangebots – auch wenn die Geldmenge per Geldschöpfung aus dem Nichts vergrößert würde – automatisch ein größeres Sparvolumen bedeuten. Denn jede Geldeinheit, die überhaupt im Umlauf ist, wird schließlich von irgendjemandem gehalten; und diese Person wäre dann ein »Sparer«, auch wenn er überhaupt nicht aus seinem Einkommen gespart, sondern lediglich einen aus dem Nichts geschöpften Bankkredit erhalten hätte. Das wäre dann im Ergebnis das genaue Gegenteil der Lehre Adam Smiths. Der gesamtwirtschaftliche Wohlstand ließe sich dann nicht nur durch bescheidene Lebensführung unter Konsumverzicht erhöhen, sondern auch sehr viel bequemer auf dem direkten Wege der Geldschöpfung.

Auf diesen Einwand antworteten die Ökonomen der Banking-Schule mit der Lehre vom Realkredit. Die Geldschöpfung, sagten sie, erfolge nicht einfach grundlos bzw. »aus dem Nichts«. Sie sei keineswegs ein willkürlicher Akt der Geschäftsbanken. Vielmehr sei die Kreditschöpfung nur ein Abbild der gleichzeitigen realwirtschaftlichen Vorgänge, da es zur rangmäßigen Krediterteilung überhaupt nur dann komme, wenn eine entsprechende Besicherung vorliege. Wenn ein Hutfabrikant beispielsweise 100 Hüte fertigt und an den Einzelhandel zum gestundeten Gesamtpreis von 1000 Talern verkauft, dann kann eine Bank auf der Grundlage dieses Geschäfts eine Summe von 1000 Talern (bspw. in Form von Buchgeld) schöpfen und sie anschließend als Kredit erteilen. Das neu geschöpfte Geld »repräsentiere« dann den Realwert der 100 neuen Hüte und sei somit letztlich eine realwirtschaftliche Größe. Ganz im Sinne der klassischen Ökonomie würden auch hier zuerst reale Güter bzw. ein Subsistenzmittelfonds hergestellt, und der monetäre Gegenwert dieses Fonds könnte dann anschließend verliehen werden.

Abkehr von der klassischen Ökonomie

Der Einwand der Currency-Schule wurde aber auch noch auf ganz andere Weise beantwortet. Der schottische Jurist und Ökonom Henry Dunning Macleod (1821–1902) argumentierte, dass die Geldschöpfung in der Tat – wie von der Currency-Schule behauptet – letztlich einzig und allein auf die Initiative der Banken zurückgehe und keinesfalls ein bloßes Abbild irgendwelcher vorangegangener oder gleichzeitiger Vorgänge in der Realwirtschaft sei. Der Bankkredit folge nicht »passiv« den Vorgängen der Realwirtschaft. Die Banken seien keine bloßen Mittelmänner, die die Ersparnisse der einen in die Projekte der anderen fließen ließen. Banken *schöpften* Kredite, die durch kein vorgängiges Sparen begründet seien.

Soweit bestand also Einvernehmen zwischen Macleod und der Currency-Schule. Aber über die Bedeutung dieser Tatsache gingen die Ansichten auseinander. Die Vertreter der Currency-Schule glaubten, dass es hier nicht mit rechten Dingen zuginge. Eigentlich sollte es so sein, dass ein Teil der Geldmenge gespart und ein Teil dieser Ersparnisse dann per Kredit weitergereicht würde. Im Falle der Krediterteilung per Geldschöpfung sei das offensichtlich nicht der Fall. Doch das könne eben nur bedeuten, dass hier kein wirkliches Sparen vorliege, sondern bloß ein recht fragwürdiges Bankgeschäft, das auf geradem Wege zu Zahlungsunfähigkeit und Krisen führe.

Macleod widersprach dieser Sicht der Dinge auf ganzer Linie. In einer Geldwirtschaft verhalte es sich keineswegs so, dass ein Teil der Geldmenge gespart und ein Teil dieser Ersparnisse dann per Kredit weitergereicht würde. Tatsächlich sei der ursächliche Zusammenhang genau umgekehrt. Der Kredit sei nicht lediglich eine mögliche *Folge* der Geldverwendung, sondern ihr eigentlicher *Ursprung*. Geld sei seinem ganzen Wesen nach Kredit. Es sei ein Recht bzw. eine Forderung an andere Personen.[7]

Mit dieser Argumentation vollzog Macleod eine radikale Abkehr von der klassischen Ökonomie. Wie wir sahen, vertrat die Banking-Schule zwar eine originelle Interpretation der Geldschöpfung als einer Art Spiegelung realwirtschaftlicher Ersparnisse. Aber genau wie die Currency-Schule bezweifelte sie nicht das grundsätzliche Abhängigkeitsverhältnis zwischen Ersparnissen und Investitionen. Nur durch vermehrtes Sparen aus vermehrter Produktion könne auch mehr investiert werden. Bei Macleod hingegen erschien diese Ursache-Wirkungs-Folge auf einmal umgekehrt. Nicht die Sichteinlagen führten zu Krediten, sondern die Krediterteilung aus dem Nichts führte zu Sichteinlagen.

Macleod trug diese Gedanken in sehr polemischer Form vor und seine Schriften trafen nicht zuletzt auch aus diesem Grund häufig auf Ablehnung. Aber der praktische Misserfolg der Currency-Schule schuf auch für seine Theorie einen fruchtbaren Boden. Zwar stiegen nun erst einmal die Grundsätze der Banking-Schule zur herrschenden Lehre auf. Doch diese neue Orthodoxie hatte einen recht offensichtlichen wunden Punkt: die gekünstelte Interpretation der Geldschöpfung als »Sparen«. Genau wie die Currency-Schule hatte Macleod diese Schwäche unterstrichen, und sein Denkansatz bot nun eine radikale, aber intellektuell ansprechende Alternative zur diskreditierten Currency-Schule. In den folgenden Jahrzehnten wurde dieser Denkansatz vor allem in England und im deutschsprachigen Raum immer weiter ausgebaut und führte schließlich zur triumphalen Auferstehung des Merkantilismus. Die wichtigsten Meilensteine auf diesem weiteren Weg wurden von Josef Alois Schumpeter (1883–1950), Albert Hahn (1889–1968) und John Maynard Keynes (1883–1946) gelegt.

Schumpeter argumentierte, dass die Kreditfinanzierung aus dem Nichts in einem inneren Zusammenhang mit innovativem Wirtschaften und auch mit den Krisen des Kapitalismus stehe. Kreditfinanzierung führe zu Innovation, und Innovation zu Anpassungskrisen der mit überholter Technik arbeitenden Firmen. Das Idealbild einer stetig und organisch wachsenden Wirtschaft sei daher ein Trugbild. Wachstum entstehe vor allem durch innovative Brüche, aber diese seien ohne Krisen eben nicht zu haben.[8]

Hahn und Keynes trieben Macleods Denkansatz zu seiner logischen Vollendung, indem sie ihn zuspitzten: Nicht das Sparen führe zum (kreditfinanzierten) Investieren, sondern das (kreditfinanzierte) Investieren führe zum Sparen.[9] Damit war man nun endgültig beim genauen Gegenteil der klassischen Ökonomie angekommen. Wenn Investitionen auch ohne Sparen sehr leicht zu Wege gebracht werden können, dann ist es natürlich auch überflüssig, sich irgendwelche tiefschürfenden Gedanken um die realwirtschaftliche Bedeutung des Konsumverzichts zu machen. Die klassischen Begriffe des »Lohnfonds« bzw. des »Subsistenzmittelfonds« – Inbegriff aller Mittel, die unter Konsumverzicht gespart wurden und zu Investitionszwecken bereitstanden – gerieten somit in Vergessenheit, und nach dem Zweiten Weltkrieg wurden sie in den Lehrbüchern bestenfalls noch als eine kuriose Idee des 19. Jahrhunderts erwähnt. Vormals wurde Konsumverzicht für eine unabdingbare Voraussetzung der Güterproduktion gehalten. Nun erschien er *bestenfalls* überflüssig zu sein. Eigentlich erschien er nun sogar als potenzieller Störfaktor. Denn zumindest ein Teil des auf diese Weise gesparten Einkommens wird ja überhaupt nicht ausgegeben, sondern gehortet. Dadurch verringert sich aber die »gesamtwirtschaftliche Nachfrage« mit entsprechenden Einbußen für die Produktion.

Sparen ist aus keynesianischer Sicht also ein individualistischer Luxus mit potenziell gefährlichen Folgen für das große Ganze. Genau wie ihre merkantilistischen Vorgänger neigen keynesianische Ökonomen dazu, alle bürgerlichen Forderungen nach sparsamer Lebensführung in Privatwirtschaft und Staat als eigensinnig und gemeingefährlich abzulehnen.

Hahn schwor seinen Irrtümern später ab.[10] Doch nicht so Keynes. Dieser entwickelte mit großer Hingabe die Konturen einer vermeintlich neuen Wirtschaftsphilosophie, die allerdings bei genauerem Hinsehen eine Neuauflage genau jener Grundgedanken war, die bereits von Adam Smith widerlegt worden waren. Keynes zufolge wird auf dem freien Markt einfach nicht genügend Geld ausgegeben (die »gesamtwirtschaftliche Nachfrage« ist zu gering), und daher bleibe die Produktion dort ständig unter ihren eigentlichen Möglichkeiten. Der Staat könne hier Abhilfe schaffen, indem er die Unternehmer durch geeignete Aufklärung (und notfalls auch durch Propaganda und Manipulation der Medien) zu größerem Optimismus anhält. Er könne eine Umverteilungspolitik betreiben, um solche Gruppen zu bevorteilen, die typischerweise mehr Geld ausgeben als die Steuerzahler. Er könne durch die Kontrolle der Notenbank die Geldmenge aufblähen. Er könne schließlich auch selber mehr Geld ausgeben, und insbesondere könne er auch die gesamtwirtschaftlichen Investitionen weitgehend unter seine Aufsicht und Lenkung bringen (Sozialisierung der Investitionen).

Willkommen im staatlichen Dirigismus

Mit Keynes' *Allgemeiner Theorie der Beschäftigung, des Zinses und des Geldes* (1936) erhielt Macleods Denkansatz einen triumphalen Einzug in die akademische Volkswirtschaftslehre. Doch damit war die »keynesianische Revolution« noch keineswegs erschöpft. Der von Keynes empfohlene Dirigismus per Notenpresse knüpfte auch an verschiedene radikale Bestrebungen des 19. Jahrhunderts an, die von den klassischen Ökonomen überhaupt nicht beachtet, sondern als geldpolitische Spinnereien belächelt worden waren.

Bereits mehr als hundert Jahre vor Keynes hatten sozialistische Vordenker begriffen, dass sich durch die staatliche Kontrolle über das Bankwesen die Bestrebungen des Sozialismus besonders leicht und sicher verwirklichen ließen. In der Schaffung einer Zentralbank sahen sie einen entscheidenden Schritt im Kampf gegen die »Anarchie« des Marktes und für Effizienzsteigerungen durch zentrale Wirtschaftsplanung.

Die Vorreiter dieser Denkrichtung waren Barthélémy-Prosper Enfantin (1796–1864) und Saint-Amand Bazar (1791–1832), ihres Zeichens glühende Anhänger des Philosophen Henri de Saint-Simon, der einen leistungsorientierten Egalitarismus vertrat. Die Saint-Simonisten wollten mit Hilfe der Zentralbank sicherstellen, dass alle verfügbaren Ressourcen auch tatsächlich genutzt würden; und zwar von jenen Leuten, die sie nach Meinung der Saint-Simonisten am sinnvollsten verwenden würden.[11]

Im Revolutionsjahr 1848 legten dann auch Karl Marx (1818–1883) und Friedrich Engels (1820–1895) ihr Kommunistisches Manifest vor, in dem sie ganz ähnliche Überlegungen und Forderungen vorbrachten.[12] Auch der Anarcho-Sozialist Pierre-Joseph Proudhon (1809–1865) empfahl damals lautstark die Schaffung einer Zentralbank. Anders als die Saint-Simonisten und Marx-Engels zielte er allerdings keineswegs auf eine (bevormundende) staatliche Lenkung aller wirtschaftlichen Vorgänge ab. Er glaubte vielmehr, dass eine Zentralbank eine unbegrenzte Geldschöpfung ermögliche und dass dadurch alle Finanzierungsprobleme gelöst werden könnten. Sie sei ein Instrument der individuellen Emanzipation von den Zwängen der Knappheit.[13]

Sechzig Jahre später argumentierte Rudolf Hilferding (1877–1941), dass die Zentralisierung des Geld- und Bankenwesens nicht erst durch besondere politische Eingriffe herbeigeführt werden müsse. Es handele sich hier vielmehr um eine geradezu zwangsläufige Tendenz, die dem entwickelten Kapitalismus innewohne.[14]

Keynes vermied es, seine Leser auf diese sozialistischen Vorläufer seines eigenen Denkens zu verweisen. Er hob nur solche Vorgänger lobend hervor, die, eher technokratisch als ideologisch argumentierend, im Sparen und insbesondere im Geldhorten einen Hemmschuh der wirtschaftlichen Entwicklung sahen.[15] Dazu zählten vor allem Thomas Malthus (1766–1834), Silvio Gesell (1862–1930) und John A. Hobson (1858–1940). Keynes fand ebenfalls freundliche Worte für Clifford Hugh Douglas (1879–1952), auch wenn er dessen Zinskritik für überzogen hielt.

2. Eine Wiener Habilitationsschrift

Als Ludwig von Mises sich um das Jahr 1906 daran machte, seine *Theorie des Geldes und der Umlaufsmittel* zu verfassen, war die klassische Geldlehre bereits seit einiger Zeit in den Hintergrund gedrängt worden. Die Herrschaft der Banking-Schule wurde fast nur noch von einigen älteren Herren, die irgendwie »übrig geblieben« waren, infrage gestellt. Die jüngeren Forscher standen in der Regel mit beiden Beinen auf der Grundlage der Banking-Schule, wenn sie nicht sogar Gedanken à la Macleod oder Marx nachgingen.

Die Österreichische Schule der Nationalökonomie

In jenen Jahren war Mises ein regelmäßiger Teilnehmer des von Eugen von Böhm-Bawerk (1851–1914) geleiteten Seminars an der Universität Wien. Böhm-Bawerk war in den 1880er-Jahren als Kapitaltheoretiker zu internationalem Ruhm gelangt.[16] Er stand ganz in der Tradition der klassischen Lehre vom Wohlstand der Nationen. Genau wie sein eigener Lehrmeister, Carl Menger (1840–1821), hatte er es sich zur Aufgabe gemacht, das Denkgebäude Adam Smiths zu berichtigen und dadurch zu festigen. Carl Menger hatte dies im Bereich der Wert- und Preistheorie getan.[17] Hier lag eine grundsätzliche Schwäche, da Smith und seine Jünger die Marktpreise fälschlich aus den Produktionskosten der betreffenden Güter ableiteten. Menger lieferte den Beweis, dass der wirkliche Ursprung der Markpreise in der Wertschätzung der Käufer lag; und er zeigte ebenfalls, dass die Preise *aller* Güter letztlich von der Wertschätzung der *Konsum*güter abhängen. Menger hatte sich allerdings hauptsächlich auf den Fall der Konsumgüter konzentriert und den ungleich komplizierteren Fall der Produktionsgüter weitgehend vernachlässigt. Böhm-Bawerk lieferte die nötige Ergänzung mit seinem groß angelegten Werk *Kapital und Kapitalzins*, dessen drei Bände in den Jahren 1886, 1889, 1909 erschienen.[18]

Noch weniger als Adam Smith und Carl Menger hatte Böhm-Bawerk sich mit der Geldtheorie auseinandergesetzt.[19] Dazu bestand bis in die 1880er-Jahre auch kein dringender Anlass, da die klassische Ökonomie noch vorherrschte. Selbst die Auseinandersetzung zwischen Currency- und Banking-Schule schien nur ein Streit *innerhalb* der klassischen Denkweise zu sein. Doch mit dem Beginn des 20. Jahrhunderts wurde die auf Macleod zurückgehende Strömung immer stärker, und somit fanden auch jene Ideen, die im 19. Jahrhundert im sozialistischen Untergrund entstanden waren, nun erstmals ein breiteres Gehör.

Im Böhm-Bawerk'schen Seminar kam es wie in einem Brennglas zur Auseinandersetzung dieser großen Denkströmungen, denn unter seinen jüngeren Mitgliedern fanden sich drei geldtheoretische Vordenker des 20. Jahrhunderts: Rudolf Hilferding, Josef Schumpeter und

Ludwig von Mises. Hilferding und Schumpeter waren voll und ganz den neuen Denkrichtungen verschrieben und veröffentlichten in jenen Jahren jene bereits genannten Schriften, mit denen sie die allgemeine Abkehr von der klassischen Ökonomie verfestigten und beschleunigten (auch Wieser).

Ludwig von Mises jedoch beschritt den umgekehrten Weg. Er schwamm bereits seit dem Jahre 1903 gegen den geistigen Strom seiner Zeit. Bis zu jenem Jahre war er ein Teil dieses Stroms gewesen. Er war überzeugt, dass es im Bereich des menschlichen Handelns und der Gesellschaft keinerlei Naturgesetze gäbe; und dass das ungezwungene Marktgeschehen sehr unbefriedigende Ergebnisse hervorbringe und durch staatliche Eingriffe immer wieder berichtigt werden müsse. Dann jedoch studierte er Carl Mengers *Grundsätze der Volkswirthschaftslehre* und verlor seine vormaligen Grundüberzeugungen. In den nächsten Jahren befasste er sich mit den großen Texten der klassischen Ökonomie, die an der Universität Wien nur noch stiefmütterlich behandelt wurden. Er begriff nun die Bedeutung der Lehren Adam Smiths und verstand die großen Verbesserungen, die seine Landsleute Menger und Böhm-Bawerk an dessen Denkgebäude vorgenommen hatten. Er sah ebenfalls, dass ebensolche Verbesserungen auf dem Gebiet der Geldtheorie noch ausstanden und gerade hier äußerst dringend geboten waren. Daher entschloss er sich, auf diesem Felde seinen eigenen Beitrag zu leisten. Er begann die Arbeit an einer geldtheoretischen Habilitationsschrift, die er schließlich im Jahre 1912 unter dem Titel *Theorie des Geldes und der Umlaufsmittel* veröffentlichte.

Mises hatte zunächst geplant, in seiner Schrift die gesamte Theorie der Geldwirtschaft aus einem Guss neu aufzurollen. Er wollte bei den Grundlagen der Wert- und Preistheorie beginnen und hier die Lehren seiner unmittelbaren Vorgänger (insbesondere Menger und Böhm-Bawerk) im Lichte der neueren Literatur und auch seiner eigenen neuen Einsichten berichtigen. Anschließend wollte er sich der Geldtheorie zuwenden und hier zwei große, zusammenhängende Themenbereiche bearbeiten: Erstens musste gezeigt werden, dass (und wie) sich die Geldpreise mit Hilfe der Menger'schen Werttheorie erklären lassen. Zweitens galt es, mit Hilfe dieser neuen Theorie des Geldwertes den Zusammenhang zwischen Sparen, Investieren und Geld aufzuklären. Auf dieser Grundlage wollte Mises dann auch die großen geld- und bankpolitischen Fragen erörtern, die von der Currency-Schule, der Banking-Schule und den sozialistischen Geldtheoretikern aufgeworfen worden waren.

Doch der herannahende Erste Weltkrieg machte diese Pläne teilweise zunichte. Mises befürchtete, dass ihm nicht genügend Zeit bleiben würde, um seine Arbeit wie geplant auszuführen. Daher entschloss er sich, die Bearbeitung der Grundlagen weitgehend aufzuschieben und sich auf die geldtheoretischen Fragen zu konzentrieren. Erst viele Jahre später, in seiner 1940 veröffentlichten *Nationalökonomie*, kam er schließlich dazu, jenen ursprünglichen Plan zu verwirklichen und sein ganzes Denkgebäude von Grund auf und aus einem Guss darzustellen.[20]

Das Wesen des Geldes

Im ersten Teil der *Theorie des Geldes und der Umlaufsmittel* werden einige von jenen allgemeinen Fragen behandelt, die Mises in seinem ursprünglichen Plan für die wert- und preistheoretische Grundlegung vorgesehen hatte. Die Überschrift dieses ersten Teiles lautet »Das Wesen des Geldes«, aber hier werden auch tieferreichende Probleme der Werttheorie behandelt. Zum Beispiel bespricht Mises hier die Thesen des amerikanischen Ökonomen Irving Fisher (1867–1947), demzufolge es quantitative Gesetze des Güternutzens gäbe. Mises verwirft diese Theorie, wie er überhaupt die Vorstellung ablehnt, dass es in der Wirtschaft konstante Größenverhältnisse gebe:

> »*Wie in jedem anderen Zweige der nationalökonomischen Forschung wird es nämlich auch auf dem Gebiet der Geldtheorie niemals möglich sein, zur Bestimmung der quantitativen Bedeutung der einzelnen Faktoren zu gelangen. Die Prüfung der Einwirkung der einzelnen Preisbestimmungsgründe wird niemals dahin kommen, die zahlenmäßige Zurechnung an die verschiedenen Faktoren vorzunehmen. Alle Preisbestimmungsgründe wirken nur durch*

das Medium der subjektiven Wertschätzungen der Individuen; wie stark ein bestimmtes Moment die subjektiven Werturteile beeinflusst, kann aber niemals vorausgesagt werden.« (1912, S. 217)

Dreh- und Angelpunkt der Preistheorie waren in der Tat die persönlichen bzw. subjektiven Werturteile der handelnden Menschen. Auf der Grundlage dieser Einsicht wollte Mises auch die Lehre von den Geldpreisen errichten. Der erste Schritt bestand in der Erkenntnis, dass die Geldpreisbildung bestimmten Einflüssen unterliegt, die aus dem Wesen der jeweiligen Geldart entspringen. Es war also geboten, zunächst einmal die sehr mannigfachen Erscheinungsformen des Geldes in einer Weise zu gliedern, die jenen Besonderheiten bei der Art der Bewertung und der Preisbildung entsprach. Dabei unterschied Mises zunächst einmal sehr grundsätzlich zwischen »Geld im engeren Sinne« auf der einen Seite und »Geldsurrogaten« bzw. »Geldsubstituten« auf der anderen Seite.

Geldsurrogate sind »sofort fällige, sichere Geldforderungen« (S. 31) wie zum Beispiel eine von einer Geschäftsbank emittierte Note, eine Scheidemünze oder ein Sichtguthaben bei einer Geschäftsbank. Der Wert dieser Surrogate leitet sich ganz und gar daraus ab, dass der Emittent rechtlich verpflichtet ist, sie auf Verlangen des Besitzers gegen Geld im engeren Sinne umtauschen bzw. einzulösen; und natürlich aus der sicheren Erwartung, dass er dieser Verpflichtung auch tatsächlich nachkommen wird. Nun könnte man meinen, dass eine Einlösung dann besonders sicher sei, wenn das betreffende Surrogat zu 100 Prozent durch eine entsprechende Geldsumme, die beim Emittenten hinterlegt ist, gedeckt wäre (in diesem Fall spricht Mises von »Geldzertifikaten«). Aber Mises zufolge können auch solche Surrogate, die eigentlich gar nicht gedeckt sind (»Umlaufsmittel«) als sofort fällige und sichere Geldforderungen angesehen werden. Es kommt hier eben in erster Linie auf die persönliche bzw. subjektive Sichtweise der Geldbenutzer an. Auch solche ungedeckten Geldsurrogate könnten somit getauscht werden, und ihre Preise würden sich im Prinzip auf genau die gleiche Weise bilden wie die Preise von Geldzertifikaten (obschon die Tauschrelationen durchaus anders wären).

Im Gegensatz zu den Geldsurrogaten leitet sich der Wert des Geldes im engeren Sinne (welches heute auch häufig »Grundgeld« genannt wird) nicht aus einer rechtlichen Verpflichtung zur Einlösung in andere Güter ab. Im Bereich des Grundgeldes unterschied Mises drei wesentliche Erscheinungsformen: Warengeld, Zeichengeld und Kreditgeld.

Warengeld zeichnet sich dadurch aus, dass es auch zu nicht monetären Zwecken verwendet wird. Beispielsweise kann das in Silbermünzen verwendete Metall auch zur Schmuckerzeugung und in zahlreichen industriellen Verwendungen benutzt werden. Diesem Umstand wird von seinen Benutzern beim Kauf und Verkauf von Silber Rechnung getragen. Silberpreise bilden sich nicht nur unter dem Einfluss der reinen Geldnachfrage, sondern eben auch unter dem Einfluss der anderen Nachfragekomponenten.

Im Gegensatz zum Warengeld besteht im Fall des Zeichengelds (Papiergeld, Giralgeld, elektronisches Grundgeld) keine Möglichkeit anderweitiger Verwendungen, und so wird diese Geldart unter dem ausschließlichen Einfluss monetärer Faktoren bewertet und getauscht. Eine Zwischenform ist das Kreditgeld. Hier handelt es sich um ein Zeichengeld, von dem erwartet wird, dass es sich in der Zukunft zu einem Geldsurrogat wandelt, und zwar dadurch, dass der betreffende Emittent beginnt, es in ein anderes Grundgeld einzulösen.

Es würde an dieser Stelle zu weit führen, die von Mises vorgeschlagene Aufgliederung der Erscheinungsformen des Geldes im Einzelnen zu besprechen. Wir wollen lediglich den eigentlichen Clou dieser Aufgliederung unterstreichen. Dieser besteht darin, dass die für die Wert- und Preistheorie relevanten Erscheinungsformen nichts mit den physikalischen Eigenschaften der jeweiligen Geldtypen zu tun haben. Beispielsweise sind metallische Münzen nicht an und für sich schon Grundgeld. Sie *können* Grundgeld sein, wenn sie einer selbstständigen Bewertung unterliegen. Aber sie können auch Geldzertifikate oder Umlaufsmittel sein, wenn die Geldbenutzer nämlich erwarten, diese Münzen jederzeit in Grundgeld einlösen zu können. Ebenso steht es mit Geldscheinen. Auch sie *können* Grundgeld sein (Papiergeld), aber sie können eben auch Geldzertifikate oder Umlaufsmittel sein. Die physikalischen Eigenschaften sagen an und für sich nichts über den wirtschaftlichen Charakter aus. Letzterer entspringt vielmehr aus der Geschäftspraxis, aus Verträgen und aus der Gesetzgebung – in einem Wort: aus dem vom Menschen geschaffenen Kontext, in dem der betreffende Geldtypus verwendet wird.

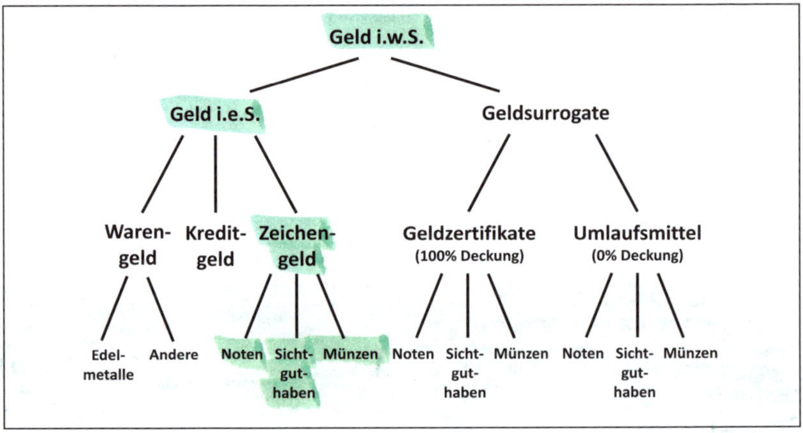

Abbildung: Klassifizierung der Erscheinungsformen des Geldes nach Mises

Wie schon der Titel seines Buches *Theorie des Geldes und der Umlaufsmittel* nahelegt, sah Mises in den Umlaufsmitteln eine besonders eigenartige und wichtige Erscheinungsform des Geldes. Das liegt vor allem darin begründet, dass sich mit Hilfe von Umlaufsmitteln die Geldmenge fast kostenlos und somit in beinahe beliebigem Umfang erweitern lässt. Ganz anders steht es im Fall von Warengeld. Die Produktion von Edelmetallen und anderen Warengeldarten ist kostspielig, und somit kann die Geldmenge auf diese Weise nicht beliebig schnell und beliebig stark vermehrt werden; und ähnlich steht es auch im Fall der Geldzertifikate, denn da diese ja vollständig durch Grundgeld gedeckt sind, ändern sie nichts an der Gesamtgeldmenge. Dagegen wird die Herstellung von Umlaufsmitteln in der Praxis nur durch zufällige Umstände wie eine mangelnde Koordination zwischen den Emittenten (den Banken) oder durch gesetzliche Bestimmungen eingeschränkt.

Im dritten Teil seines Werkes untersucht Mises die Folgen, die sich aus diesem Umstand für das Wirtschaftsleben ergeben. Hier kommt er somit auf jene großen Fragen zu sprechen, die bereits im Mittelpunkt der Auseinandersetzung zwischen Currency- und Banking-Schule standen. Mises macht sich hier die grundsätzliche Position der Currency-Schule zu eigen, wobei er allerdings die zahlreichen Irrtümer der Currency-Schule in vergleichsweise nebensächlichen Fragen gebührend herausarbeitet. Er selber fügt dem von ihr geschaffenen Denkgebäude ein wichtiges Element hinzu: eine neue Krisentheorie, die er ausgehend von der Böhm-Bawerk'schen Kapitaltheorie entwickelt.

Bevor wir aber auf die Argumentation des dritten Teiles näher eingehen, wollen wir uns zunächst die Kerngedanken des zweiten Teiles der *Theorie des Geldes und der Umlaufsmittel* vor Augen halten. Hier klammert Mises alle mit den Umlaufsmitteln zusammenhängenden Fragen zunächst einmal aus. Er unterstellt in seinen Überlegungen eine Wirtschaft, in der nur Geld i. e. S. und Geldzertifikate, nicht aber Umlaufsmittel verwendet werden. Wie bildet sich der Geldwert, wie die Geldpreise in einer solchen Wirtschaft?

Der Geldwert

Die klassischen Ökonomen meinten, dass der Geldpreis den Herstellungskosten des Geldes entsprechen würde. Carl Menger hatte jedoch gezeigt, dass die klassische Wertlehre unhaltbar ist. Die Marktpreise aller wirtschaftlichen Güter entspringen letztlich den subjektiven Werturteilen der handelnden Menschen. Doch wie bereits gesagt wurde, hatte Menger seine These nur für den besonderen Fall der Konsumgüter auch bewiesen. Für den Fall des Geldes stand ein solcher Beweis noch aus.

Nun gab es eine sehr alte Theorie, der zufolge das Geld lediglich eine Art »Anweisung« auf den Wert aller anderen Güter ist – etwa so, wie ein Lagerschein eine Anweisung auf dieses oder jenes im Lager hinterlegte Gut ist. (Die bereits erwähnte, von Macleod vorgestellte Kredittheorie des Geldes war eine Variante dieser alten Konzeption.) In deren Licht war die Frage des Geldwerts natürlich recht leicht zu beantworten: Der Wert des Geldes bestimmte sich ganz einfach nach dem Wert der Realgüter, die es repräsentiert und für die es sozusagen eingelöst werden kann. Doch diese Theorie war schon deshalb unbefriedigend, weil Geld eben nicht an und für sich bereits eine Anweisung auf andere Güter ist. Einige Erscheinungsformen des Geldes (die Geldsurrogate) waren in der Tat Anweisungen, und *ihr* Wert konnte somit auf diese Weise erklärt werden. Aber Geld im engeren Sinne war kein Lagerschein, sondern eine eigenständige Ware, wie Menger bereits unterstrichen hatte. Wie erklärt sich also der subjektive Wert der Geldware? Wie erklären sich seine Marktpreise?

Einige berühmte Ökonomen, darunter Knut Wicksell (1851–1926) und Karl Helfferich (1872–1924), hatten seinerzeit behauptet, dass sich diese Fragen mit Hilfe der Menger'schen Werttheorie überhaupt nicht beantworten ließen. Menger erklärte die Marktpreise der wirtschaftlichen Güter aus ihrem subjektiven Gebrauchswert. Dieses Denkschema ließe sich aber auf den Fall des Geldes nicht ohne Weiteres übertragen, denn der Gebrauchswert des Geldes hänge ja seinerseits gerade von der Kaufkraft des Geldes (von seinen Marktpreisen) ab. Somit verfiele man also in eine Zirkelschluss: Die Marktpreise würden aus dem subjektiven Gebrauchswert des Geldes erklärt, doch ebendieser subjektive Geldwert bestimme sich aus den Marktpreisen des Geldes.

Ein Menger-Schüler, Friedrich von Wieser (1851–1926) hatte im Anschluss an einige deutsche Ökonomen bereits einen Ausweg aus diesem Zirkel angedeutet. Wieser argumentierte, dass sich der *heutige* Geldwert aus den *gestrigen* Geldpreisen ableitet. Die gestrigen Geldpreise entsprangen ihrerseits dem gestrigen Geldwert, und dieser leitete sich aus den *vor*gestrigen Geldpreisen ab usw. Mit anderen Worten war der vermeintliche Zirkelschluss eine optische Illusion, die durch die falsche Annahme entstand, dass der Geldwert zu einem Zeitpunkt *t* durch die Geldpreise *zum gleichen Zeitpunkt* bestimmt würde.

Mises verfeinerte diesen Wieser'schen Lösungsansatz und nannte ihn »Regressionstheorem«. Er hob insbesondere hervor, dass die Bestimmung des Geldwertes aus vergangenen Geldpreisen keineswegs zu einer prinzipiell unendlichen Kausalkette führe und somit einen problematischen *regressus ad infinitum* (auch bekannt als Henne-Ei-Problem) aufwerfe. Vielmehr ende die Kausalkette an jenem vergangenen Tag, an dem die betreffende Geldware erstmals als Geld verwendet wurde. *Bis zu jenem Tag* bildeten sich die Marktpreise dieser Ware allein unter Berücksichtigung ihres nicht monetären Gebrauchswerts. *An jenem Tage* trat dann die monetäre Nachfrage hinzu, und der subjektive Geldwert leitete sich aus der bereits vorhandenen Kaufkraft der Ware ab.

Nachdem er auf diese Weise die Frage des Geldwerts und der Geldpreise grundsätzlich geklärt hatte, machte Mises sich daran, jene Folgen zu untersuchen, die sich aus *Veränderungen* des Geldangebots und der Geldnachfrage ergeben. Dabei hob er insbesondere drei grundlegende Gedanken hervor.

Erstens zeigte Mises, dass Veränderungen des Geldangebots keine mechanischen Auswirkungen auf die Geldpreise haben. Es gab keine feste quantitative Beziehung etwa der Art, dass eine x-prozentige Veränderung der Geldmenge zu einer y-prozentigen Veränderung des Preisniveaus führt. Alle Änderungen der objektiven Umstände wirken sich auf die Marktpreise nur vermittelst der individuellen Wahlhandlungen aus. Zwar stimmt es, dass eine Erhöhung der Geldmenge den Wert jeder einzelnen Geldeinheit tendenziell verringert; aber wie sehr er sich verringert, hängt von den betreffenden Personen ab, und deren Werturteile müssen im Zeitverlauf auch keineswegs konstant bleiben.

Zweitens betont Mises, dass es keinerlei *systematische* Beziehung zwischen der Geldmenge und der gesamtwirtschaftlichen Produktion gibt. Eine Erhöhung der Geldmenge spornt die Güterproduktion nicht an, und eine Verringerung der Geldmenge behindert sie auch nicht. In seinen eigenen Worten: »Eine Vermehrung der Geldmenge kann den Wohlstand der Bevölkerung ebensowenig vermehren, wie ihn ihre Verringerung vermindern kann« (S. 78).

Das war natürlich bereits der Grundgedanke der klassischen Ökonomie, der auch von der Currency-Schule uneingeschränkt vertreten wurde. Mises wiederholt ihn an zahlreichen Stellen seines Werkes (vgl. S. 83, 96, 156, 225, 227 f., 230, 235, 262 f., 402 f.). Er ist sich bewusst, dass er in dieser Hinsicht in unmittelbaren Widerspruch zur Banking-Schule und zu den meisten zeitgenössischen Ökonomen tritt. Nur *zufällig* könnten sich hier und da aus einer Veränderung der Geldmenge positive und negative Rückwirkungen auf die Güterproduktion ergeben. Das sei insbesondere dann der Fall, wenn sie zu Einkommens- und Vermögensumschichtungen führe, die die Kapitalbildung beeinflussen (vgl. S. 227).

Drittens unterstreicht Mises, dass jede Änderung des Geldangebots und der Geldnachfrage die Verteilung von Einkommen und Vermögen beeinflusst. Der *gesamtwirtschaftliche* Wohlstand – der Smith'sche »Wohlstand der Nationen« – steht zwar in keinem Zusammenhang mit jenen monetären Faktoren. Aber das gilt nicht auch aus *einzelwirtschaftlicher* Sicht. Einzelne Haushalte und Firmen können durchaus infolge einer veränderten Geldnachfrage oder infolge eines veränderten Geldangebots gewinnen oder auch verlieren. Der Grund liegt darin, dass solche Veränderungen nicht alle Preise zur gleichen Zeit und im gleichen Umfang betreffen. Wenn beispielsweise die Geldmenge erhöht wird, so verbreiten sich die neuen Geldeinheiten nicht gleichmäßig und in einem Schlag unter alle Marktteilnehmer, sondern sie verbreiten sich nach und nach durch immer weitere Tauschhandlungen. Daher steigen auch die Güterpreise nicht gleichzeitig und in gleichem Maße; sondern einige steigen früher und andere später, und einige steigen mehr als andere. Die Erstbenutzer des neuen Geldes gewinnen somit zu Lasten der späteren Benutzer. Denn diese können die neuen Geldeinheiten sofort ausgeben, d. h. wenn ihre Kaufkraft immer noch relativ hoch ist; während jene erst dann in den Genuss des neuen Geldes kommen, wenn sich die Kaufkraft des Geldes insgesamt bereits verringert hat.

Theorie der Umlaufsmittel und des Zirkulationskredites

Nach der wert- und preistheoretischen Grundlegung im zweiten Teil seines Buches konnte sich Mises im dritten Teil endlich jenen Fragen zuwenden, die durch den Gebrauch der Umlaufsmittel aufgeworfen werden. Obwohl Umlaufsmittel grundsätzlich auch »nicht rangmäßig« ausgegeben werden können, herrschte doch seinerzeit genau wie auch heute noch die »rangmäßige« Ausgabe im Kreditweg vor. Deshalb war die Erörterung der Umlaufsmittel aufs Engste mit der Untersuchung des »Zirkulationskredites« verknüpft – mit jenem Kredit, der in Form von aus dem Nichts geschöpften Umlaufsmitteln bereitgestellt wird.

Allerdings war die banktheoretische Literatur nach Mises' Dafürhalten in einem sehr viel weniger befriedigenden Zustand als die Geldtheorie (wo man sich immerhin auf die Werke von Menger und Wieser stützen konnte). Er schrieb:

> *»Seit sechzig Jahren ist die Bankliteratur ziemlich unfruchtbar. Es mangelt nicht an deskriptiven Arbeiten, die hart an die großen Probleme heranführen; allen voran ist hier das wunderbar plastische Werk von Bagehot zu nennen. Tiefer zu gehen und die nationalökonomischen Probleme der Banktheorie aufzuspüren, ist nur von wenigen versucht worden. Die Mehrzahl der Schriftsteller erhebt sich überhaupt nicht über die Sammlung banktechnischer, bankorganisatorischer und bankstatistischer Daten. Juristische und handelstechnische Erwägungen sollten das ersetzen, was an nationalökonomischen Gedankengängen fehlt. So wie die Geldlehre lange Zeit nichts anderes brachte als Nachrichten über Münztechnik, so enthält unsere Bankliteratur kaum mehr als allerlei Wissenswertes über Notenausgabe, Scheck- und Giroverkehr, Clearinghäuser und Wechselkurse.« (S. IX–X)*

Was waren nun die eigentlichen »nationalökonomischen Probleme der Banktheorie«? Im dritten Teil der *Theorie des Geldes und der Umlaufsmittel* behandelt Mises insbesondere sechs große Fragenkreise:

1. die Frage, welcher Unterschied zwischen echten (Waren-)Krediten und falschen (Zirkulations-)Krediten besteht;

2. die Frage, ob die Produktion von Umlaufsmitteln irgendwelche Grenzen hat;

3. die Frage, ob die Produktion von Umlaufsmitteln »elastisch« sei bzw. ob sie sich den Veränderungen in der Geldnachfrage anschmiegt;

4. die Frage, welche Bedeutung die Liquiditätsreserven der Banken für die Nachfrage ihrer Kunden nach Umlaufsmitteln haben;

5. die Frage, ob die Emission von Umlaufsmitteln nicht auch gesamtwirtschaftliche Ungleichgewichte hervorrufen kann;

6. die Frage nach der angemessenen Geld- bzw. Bankpolitik.

Mises machte sich daran, seine banktheoretischen Untersuchungen auf jene Grundlagen zu stellen, die von den klassischen Ökonomen und der Currency-Schule geschaffen wurden. Denn trotz aller Mängel, die insbesondere auch von den Vertretern der Banking-Schule gebührend hervorgehoben worden waren, sah Mises hier festen Grund, auf dem sich bauen ließ:

> *»In den Schriften der Klassiker finden sich […] bemerkenswerte Ansätze, die dann von der Currency-Schule ausgebaut wurden. Niemand sollte die Bedeutung dieser Arbeiten zu verkleinern suchen; mag es auch seit Jahrzehnten üblich sein, über ihre Irrtümer hochmütig zu spotten, so muss festgestellt werden, daß in ihnen weit mehr an fruchtbaren Gedanken verborgen liegt, als leichtfertige Kritiker glauben mögen. Der Currency-Theorie fehlte freilich eine brauchbare Grundlage, die nur die moderne Wertlehre abgeben kann; sie ist überdies in einer Zeit entstanden, in der das Bankwesen noch in den Kinderschuhen steckte und das wahre Wesen seiner Hauptprobleme dem Auge des Forschers leicht entgehen konnte. Manche ihrer Fehler sind von Tooke und Fullarton [Vertretern der Banking-Schule; Anm. JGH] mit Recht getadelt worden. Aber das, was diese beiden an die Stelle der Currency-Theorie gesetzt haben, ist mitnichten eine brauchbare Theorie. Die Banking-Theorie enthält nicht nur Irrtümer, sie fehlt schon in ihrer Problemstellung.« (S. III–IV)*

Mit anderen Worten hatten die Klassiker und die Currency-Schule in den wesentlichen Fragen recht behalten und sich lediglich (wenn auch mit weitreichenden praktischen Folgen) in Nebenfragen geirrt. Genau umgekehrt schätzte Mises den Wert der Banking-Lehre ein. Sie lag auf den Nebenschauplätzen richtig und irrte doch in der Hauptsache. Die Banking-Schule hatte richtigerweise darauf hingewiesen, dass zwischen Sichtguthaben und Banknoten aus volkswirtschaftlicher Sicht kein wesentlicher Unterschied bestand. Sie hatten mit ebensolchem Recht die starre Quantitätstheorie zurückgewiesen, der zufolge ein mechanischer Zusammenhang zwischen der Geldmenge und der Höhe der Güterpreise vorlag. Aber ihre Vorstellung vom »elastischen« Angebot der Umlaufsmittel war von Grund auf falsch. In Mises' Worten:

»Einer der verhängnisvollsten Irrtümer [2. Aufl.: Der verhängnisvolle Irrtum] Fullartons und seiner Anhänger war es, zu übersehen, daß auch einlösliche Banknoten dauernd im Umlauf verbleiben und dann eine Überfüllung der Zirkulation mit Umlaufsmitteln bewirken können, deren Folgen jenen einer Vermehrung der umlaufenden Geldmenge gleichkommen. Wenn es auch richtig ist, was Fullarton hervorhebt, daß die Banknoten, die als Darlehen ausgegeben werden, nach Ablauf der Darlehensfrist automatisch wieder zur Bank zurückströmen, so ist damit noch nichts darüber gesagt, ob nicht die Bank durch beständige Prolongation der Darlehen sie weiter im Verkehr erhalten kann. Die Behauptung, welche den Mittelpunkt der Stellung der Banking-Theoretiker bildet, daß nämlich niemals mehr Noten in die Zirkulation gesetzt und dauernd darin erhalten werden können, als der Nachfrage des Publikums entspricht, ist unhaltbar; denn die Nachfrage nach Kredit ist keine feste Größe, sie wächst bei sinkendem und fällt bei steigendem Zinsfuß. Da aber die Emissionsbanken zunächst die Möglichkeit haben, den Zinsfuß für Darlehen, die sie durch eigens dazu neu geschaffene Umlaufsmittel gewähren, bis auf die durch den Grenznutzen der im Bankbetrieb verwendeten Kapitalien gesetzte Schranke, also faktisch bis nahe auf Null, zu ermäßigen, so fällt das ganze Gebäude der Tookeschen Schule zusammen.« (S. 408f.; vgl. auch S. 357ff.)

Mit anderen Worten ging die Banking-Schule – hierin übrigens ähnlich wie bereits Adam Smith – von der irrigen Vorstellung aus, dass die nachgefragte Menge an Umlaufsmitteln bzw. an Zirkulationskrediten unabhängig vom Preis dieser Kredite ist; bzw. dass der Kreditpreis unabhängig vom Angebot an Zirkulationskredit ist. Indem Mises diesen grundlegenden Irrtum aufdeckte, hatte er die Theorie des elastischen Bankkredits in allen ihren Formen widerlegt. Insbesondere widerlegte er damit auch die Theorie des »Realkredits«. Wie wir bereits sahen, geht diese Theorie von der Vorstellung aus, dass der Warenwert, der der Geldschöpfung bzw. der Krediterteilung zugrunde liegt, an und für sich unabhängig von der Geldschöpfung ist. Doch das ist wiederum nicht der Fall. Gerade dadurch, dass Umlaufsmittel aus dem Nichts geschöpft und zur Zahlung verwendet werden können, ist der monetäre Warenwert zwangsläufig höher als er andernfalls gewesen wäre. Mises zieht daraus den folgenden Schluss:

»Die Umlaufsmittelzirkulation ist eben nicht in dem Sinne elastisch, daß sie automatisch den Geldbedarf dem Geldvorrat ohne Beeinflussung des inneren, objektiven Tauschwertes des Geldes anpaßt, wie fälschlich behauptet wird; sie ist nur in dem Sinne elastisch, daß sie jede, auch völlig grenzenlose Ausdehnung der Zirkulation ebenso wie jede Einschränkung zuläßt. Die Menge der zirkulierenden Umlaufsmittel ist durch keine natürliche Schranke eingeengt. Will man sie aus irgendwelchen Gründen einschränken, dann muß man sie durch zielbewußtes menschliches Eingreifen (Bankpolitik) in irgendeiner Weise binden.« (S. 360)

Damit gelangt Mises zu den wesentlichen praktischen Schlussfolgerungen, zu denen bereits die Currency-Schule gelangt war, wenn auch mit einer verfeinerten und vertieften Argumentation. Aber er fügte auch noch ein neues Element hinzu. Mises entwickelte auf der Grundlage von Böhm-Bawerks Kapitaltheorie eine neue Krisentheorie – heute vor allem als »Österreichische Konjunkturtheorie« bekannt – die besondere Relevanz für die nachfolgenden Jahrzehnte und auch für unsere Gegenwart hat.

Die Vertreter der Currency-Schule hatten im Anschluss an Ricardo bereits darauf verwiesen, dass die Emission von Umlaufsmitteln zu Liquiditätskrisen führen könnte. Sie hatten es nicht für nötig befunden, ebenfalls zu prüfen, was denn geschähe, wenn die Banken auf einmal über unbegrenzte Liquidität verfügen würden. Sie gingen bei allen ihren Überlegungen davon aus, dass *nur einige* Banken mit der Umlaufsmittelemission voranpreschten, sodass sie früher oder später infolge von erhöhten Zahlungen an andere Banken in einen Liquiditätsengpass gerieten. Wäre dies aber nicht dadurch zu vermeiden, dass *alle Banken gleichzeitig* ihre Emissionen ausweiteten? Oder dadurch, dass man einfach ein immaterielles Grundgeld an die Stelle des Goldes setzte, sodass die betreffende Zentralbank unbegrenzte Liquidität bereitstellen könnte?

Solche Fragen wurden bereits im Verlauf des 19. Jahrhunderts vereinzelt aufgeworfen, beispielsweise von dem bereits genannten Joseph Proudhon. Sie erschienen jedoch den meisten damaligen Ökonomen, die ganz in der klassischen Tradition standen, so offensichtlich absurd zu sein, dass sich kaum einer die Mühe machte, auf diese »spinnerten« Gedanken überhaupt einzugehen. Infolge der bereits genannten Umstände hatten sich diese verrückten Ideen allerdings zu Beginn des 20. Jahrhunderts schon recht weit ausgebreitet und wurden zum Gegenstand einer breiteren Diskussion. Es war daher an der Zeit, der Sache auf den Grund zu gehen. Mises meinte sogar: »Das Problem, das hier vor uns liegt, ist unter dem Schlagwort Entgeltlichkeit oder Unentgeltlichkeit des Kredites bekannt geworden; es ist das Hauptproblem der Banktheorie und eines der schwierigsten Probleme der Volkswirtschaftslehre.« (S. 417)

Dass es sich hier um das Hauptproblem der Banktheorie handelte, wurde von vielen damaligen Ökonomen jedoch nicht so gesehen. Die Theoretiker der Banking-Schule meinten sogar, dass es dieses vermeintliche Problem schlicht und einfach nicht gebe. Es sei unmöglich, die Geldmenge über die Bedürfnisse des Handels zu erhöhen. Daher könnte der Zinssatz nicht auf null fallen.

Anders bereits die Stellungnahme des schwedischen Ökonomen Knut Wicksell. Schon einige Jahre vor Mises hatte er erkannt, dass hier ein großes und grundlegendes Problem bestand. Wicksell brachte zwei Erwägungen vor, um zu beweisen, dass die Kreditschöpfung notwendigerweise begrenzt sein müsse. Zum einen würden sich die Geschäftsbanken auch bei konzertierter Umlaufsmittelemission früher oder später über die Einlösbarkeit ihrer Noten und Sichtguthaben Sorgen machen und schon aus diesem Grunde auf eine weitere Emission verzichten. Zum anderen würde infolge der erhöhten Geldmenge das Preisniveau steigen und somit auch der Goldpreis. Dann aber würden die Leute früher oder später anfangen, ihre Umlaufsmittel in Gold einzulösen, und die Banken müssten somit auch in diesem Fall auf eine weitere Emission verzichten bzw. die vorherigen Emissionen sogar zurückfahren.

Mises fand Wicksells Beweisführung nicht befriedigend. Der zweite Beweis würde überhaupt nur auf Warengeldsysteme zutreffen, nicht aber auf Währungssysteme, die – wie unser heutiges – auf einem immateriellen Grundgeld bzw. »Zeichengeld« beruhen. Auch der erste Beweis sei nicht stichhaltig, denn er verletze Wicksells eigene Annahme, dass nämlich alles Geld bereits vollständig durch Umlaufsmittel ersetzt worden sei. In einer solchen Situation, in der die Banken das uneingeschränkte Vertrauen ihrer Kundschaft genössen, könne es also gar nicht dazu kommen, dass irgendwelche Umlaufsmittel in Grundgeld eingelöst werden.

Wenn diese Beweise aber nicht zutrafen, welche Gründe gab es dann zu der Annahme, dass eine immer weitere Emission von Umlaufsmitteln auch bei konzertiertem Handeln der Emittenten zu einer Krise führen müsste? Mises entwickelte seine eigene Theorie unter Rückgriff auf die Wicksell'sche Unterscheidung zwischen »natürlichem Zins« und »Geldzins«. *Ohne* die Ausgabe von Umlaufsmitteln würde sich der Geldzins der Tendenz nach dem natürlichen Zins (Gleichgewichtszins) annähern und die Wirtschaft befände sich somit in einem intertemporalen Gleichgewicht aus Konsumgüter- und Kapitalgüterproduktion. Doch das ändere sich durch die Emission von Umlaufsmitteln in

Form zusätzlicher Zirkulationskredite. Diese haben zur Folge, dass der Geldzins nun unter das Niveau des natürlichen Zinses gedrückt würde. Somit sei das intertemporale Gleichgewicht gestört. Die Kapitalgüterproduktion werde auf künstliche Weise stimuliert, ohne dass die dazu erforderlichen realen Mittel – der »Subsistenzfonds« – vorhanden wären. Mit anderen Worten werden infolge des künstlich niedrigen Darlehenszinses zu umfangreiche bzw. zu langwierige Produktionsvorhaben in die Wege geleitet, die mit den vorhandenen realen Mitteln nicht allesamt vollendet werden können. Früher oder später würde dies damit enden, dass ein Teil der bereits in Gang gesetzten Produktionsvorhaben mangels Mittel wieder eingestellt werden müssten. In Mises' Worten:

> *»Die Situation ist nun folgende: Trotzdem eine Vermehrung der Zwischenprodukte nicht eingetreten und die Möglichkeit, die Produktionsperiode zu verlängern, nicht gegeben ist, gelangt auf dem Darlehensmarkte ein Zinsfuß zur Geltung, welcher einer verlängerten Produktionsperiode entspricht; damit wird die Verlängerung der Produktionsperiode, obwohl volkswirtschaftlich unzulässig und undurchführbar, privatwirtschaftlich zunächst rentabel. Es kann aber nicht der geringste Zweifel darüber bestehen, wohin dies dann weiter führen muß. Es kommt notwendigerweise ein Zeitpunkt, in dem die konsumreifen Unterhaltsmittel aufgezehrt sind, ehe die in der Produktion tätigen Kapitalgüter sich in Konsumgüter verwandelt haben. Dieser Augenblick muß um so schneller eintreten, als das Sinken des Kapitalzinses den Anreiz zur Ersparung schwächt und damit das Tempo der Kapitalbildung verlangsamt. Die Unterhaltsmittel erweisen sich als zu knapp, um die Arbeiter während der ganzen Dauer des eingeschlagenen Produktionsprozesses zu erhalten.«*[21]

Anders als in der Theorie der Currency-Schule ist diese von Mises ins Auge gefasste Krise eine Krise der Realwirtschaft, auch wenn sie – wie die Liquiditätskrisen der Currency-Schule – einer monetären Ursache entspringt. Und genau deshalb kann die Krise auch durch eine immer entschlossenere Emission von Umlaufsmitteln bzw. von immateriellem Grundgeld nicht vermieden werden. Sie kann durch immer weitere Emissionen nur für eine Weile aufgeschoben werden, und auch das nur um den Preis immer größerer Ungleichgewichte in der Realwirtschaft.

Mit dieser Argumentation verstärkt Mises die wirtschaftspolitischen Empfehlungen der Currency-Schule.

Geld- und Bankpolitik

In der ersten Auflage seiner *Theorie des Geldes und der Umlaufsmittel* aus dem Jahre 1912 kreisten Mises' Gedanken – genau wie die seiner Vorgänger – noch ganz um das vermeintliche Ideal eines Geldes von stabiler Kaufkraft. Genau wie die klassischen Ökonomen lehnte er jedoch die Einführung eines reinen Zeichengeldes ab. Er pries die Goldwährung, und zwar genau wie Ricardo deshalb, weil sie die Möglichkeiten staatlicher Missbräuche weitestgehend einschränkt. Aber er brachte noch zwei zusätzliche Erwägungen ins Spiel, die ebenfalls für die Goldwährung und gegen das Zeichengeld sprachen. Zum einen wies er darauf hin, dass es praktisch unmöglich sei, Veränderungen des Geldwerts hinreichend genau zu bestimmen. Zum anderen würde genau diese unvermeidliche Grauzone von mächtigen Lobby- und Interessengruppen ausgenutzt werden.

Vor allem jedoch unterstrich Mises – wie wir bereits sahen –, dass jedwede künstliche Geldvermehrung durch Zentral- und Geschäftsbanken einen Konjunkturzyklus in Gang setzt. Dies gelte insbesondere auch dann, wenn mit dieser Geldvermehrung eine Stabilisierung des Preisniveaus angestrebt wird. Die Verleihung zusätzlichen Geldes führe zu einer künstlichen Zinssenkung, und dadurch würden neue »umwegige« Produktionsvorhaben *in Gang gesetzt.* Als Folge ergäbe sich, dass mit den vorhandenen Ressourcen nicht alle begonnenen Produktionsvorhaben auch *zu Ende geführt* werden könnten.

In den folgenden Jahren erlebte Mises dann mit eigenen Augen die Kriegsinflation, die Hyperinflationen in Österreich (1922) und in Deutschland (1923), sowie die aus der Notenpresse finanzierten sozialistischen Experimente in Österreich und einigen anderen europäischen Ländern. Im Lichte dieser Erfahrungen machte er sich daran, die herkömmliche geldpolitische Argumentation nochmals gründlich zu überdenken.

Bereits in der ersten Auflage von 1912 hatte er die seinerzeit noch allgemein gut bekannte Tatsache betont, dass jedwede künstliche Vergrößerung der Geldmenge zu einer Umverteilung der Einkommen und der Geldvermögen führen müsse. Die Erstempfänger des neuen Geldes können dieses Geld nämlich noch bei einem relativ niedrigen Preisniveau ausgeben, während die späteren Nutznießer – und insbesondere die letzten – eine Zeit lang bereits höhere Preise zu entrichten hätten, obwohl ihr eigenes Geldeinkommen noch nicht gestiegen sei. Diese Verteilungswirkungen der Geldproduktion sind heute unter dem Begriff »Cantillon-Effekte« bekannt, nach jenem Ökonomen, der sie im 18. Jahrhundert als Erster untersuchte.

In der zweiten Auflage von 1924 fügte Mises nun drei entscheidende Überlegungen hinzu.

Erstens hob er hervor, dass *gerade auch eine auf Geldwertstabilisierung angelegte Politik* zu einer solchen Umverteilung zwischen Erstempfängern und Spätempfängern des zusätzlichen Geldes führen müsse. Sie könne somit im besten Fall die ungerechte Umverteilung zwischen Gläubigern und Schuldnern verhindern; aber gerade indem sie dies tue, schaffe sie eine neue Umverteilung.

Zweitens betonte Mises, dass eine Umverteilung zwischen Gläubigern und Schuldnern auch ohne geldpolitische Interventionen verhindert werden kann – und in der Praxis auch verhindert wird. Veränderungen des Geldwerts bzw. des Preisniveaus führen nicht an und für sich bereits zu einer Verteilungsungerechtigkeit. Dies gilt insbesondere für diejenigen Fälle, in denen solche Veränderungen abzusehen sind (relativ gleichmäßige Inflation oder relativ gleichmäßige Deflation), da sie von den Vertragspartnern berücksichtigt werden können.

Drittens wäre ein stabiles Niveau der Geldpreise für praktische Entscheidungen ziemlich unerheblich. Ein Unternehmer kauft und verkauft nicht zum Preisniveau, sondern zu konkreten Einkaufs- und Verkaufspreisen. Ihn interessiert nicht so sehr die allgemeine Höhe der Preise, sondern das konkrete *Preisgefüge*. Aber dieses Gefüge wird durch den Marktprozess ständig verändert, und es verändert sich auch dann, wenn das Preisniveau gemäß dem offiziellen Warenkorb stabil bleibt. Daher kann man keineswegs behaupten, dass eine Geldart umso besser sei, je stabiler ihre Kaufkraft ist. Ein Geld von vollkommen stabiler Kaufkraft ist keineswegs ein besonders vollkommenes Geld.

Mit diesen Überlegungen revolutionierte Mises die ganze Art und Weise, über Inflation und Geldpolitik nachzudenken. Seiner zentralen Einsicht nach ist es sinnlos, durch staatliche Eingriffe ein Geld von vollkommen stabiler Kaufkraft anzustreben. Genauso sinnlos ist es dann auch, dem Markt irgendwelche künstliche Geldarten aufzuzwingen. *Nur* zum Zweck der Geldwertstabilisierung haben Ricardo und viele andere Ökonomen die Einführung von Papiergeld schließlich überhaupt in Erwägung gezogen.

Sicherlich ist ein *relativ* stabiler Geldwert unerlässlich zum nutzbringenden Geldgebrauch. Aber der Geldwert wäre auch ohne besondere Eingriffe durch staatliche Zentralbanken und andere Währungsbehörden relativ stabil. Denn in einer halbwegs wettbewerblichen Geldordnung würden die Marktteilnehmer nur solche Geldarten benutzen, deren Wert voraussichtlich wenig fällt bzw. sogar steigt. Historisch gesehen war das der Fall. Im 19. Jahrhundert blieben die Preise gerade in den Ländern relativ stabil, in denen es besonders wenig staatliche Eingriffe gab. In diesen Ländern gab es sogar eine leichte Tendenz zu einem fallenden Preisniveau bzw. steigendem Geldwert.

Mises' Überlegungen entwickelten sich aber auch noch in eine andere Richtung. Während er in der ersten Auflage seiner *Theorie des Geldes und der Umlaufsmittel* die These vertrat, dass Preisinflationen genauso unerwünscht seien wie Preisdeflationen, kam er nun zu dem Schluss, dass eine inflationäre Entwicklung um einiges schädlicher sei als eine deflationäre. Denn eine Preisinflation führt zum Kapitalkonsum und somit letztlich zu einer relativen Verarmung der Gesellschaft. Insbesondere verringert sie die Anreize zum Sparen, sodass weniger Mittel für Investitionen zur Verfügung stehen. Aber sie verzerrt auch die betriebliche Rechnungslegung, da nun Scheingewinne berechnet werden. Es werden dann zu hohe Gewinne ausgeschüttet und verbraucht, und auch aus diesem Grunde schrumpft somit die Kapitalbasis der Gesellschaft.

In diesem Lichte besehen müssen Geldpolitik und Geldtheorie völlig neu ausgerichtet werden. Die Sorge um die Feinsteuerung des Geldwerts ist letztlich unberechtigt. Die eigentlich zentrale Frage lautet vielmehr, wie man preisinflationäre Fehlentwicklungen und politischen Missbrauch unterbinden kann. Im Jahr 1924 antwortet Mises, dass zu diesem Zweck der Wettbewerb das wirksamste Mittel ist. Er begrenzt die Missbräuche des Geldwesens durch Private und vor allem durch den Staat. In seinen Worten:

> *»Böse Erfahrungen mit Banknoten, die wertlos geworden waren, weil sie nicht eingelöst wurden, haben zur Beschränkung des Notenausgaberechtes auf einige wenige privilegierte Anstalten geführt. Doch die Erfahrungen, die man mit der staatlichen Reglementierung des Notenbankwesens gemacht hat, sind unvergleichlich ungünstiger als es die waren, die man mit der Bankfreiheit gemacht hat. Was bedeuten alle Zusammenbrüche von Noten- und Girobanken, die die Geschichte kennt, wenn man sie dem Ausgang des deutschen Notenbankwesens gegenüberhält? Alles, was gegen das System der Bankfreiheit vorgebracht wurde, verblasst gegenüber dem, was heute gegen das System der staatlichen Regelung des Notenbankwesens einzuwenden ist. Die etatistischen Argumente, die seinerzeit gegen die Freiheit der Notenausgabe vorgebracht wurden, haben für uns alles Gewicht verloren; wie überall, so hat auch auf dem Gebiete des Bankwesens der Etatismus versagt.« (2. Aufl., 1924, S. 406)*

In der Staatsfinanzierung per Notenpresse erkannte Mises nun einen klaren Akt der Tyrannei. Sie wird zum »wichtigsten psychologischen Hilfsmittel einer Wirtschaftspolitik, die ihre Folgen zu verschleiern sucht. Man kann sie in diesem Sinne als ein Werkzeug nicht volkstümlicher, das ist antidemokratischer Politik bezeichnen, da sie durch Irreführung der öffentlichen Meinung einem Regierungssystem, das bei offener Darlegung der Dinge keine Aussicht auf die Billigung durch das Volk hätte, den Fortbestand ermöglicht.« (2. Aufl., 1924, S. 208)

Anmerkungen

1 Vertiefende Darstellungen finden sich in C. Pallas, Ludwig von Mises als Pionier der modernen Geld- und Konjunkturlehre (Marburg: Metropolis, 2004); J. G. Hülsmann, *Mises – The Last Knight of Liberalism* (Auburn, Ala.: Mises Institute, 2007), insb. Kap. 6; ders. (Hg.), *Theory of Money and Fiduciary Media* (Auburn, Ala.: Mises Institute, 2012).

2 Vgl. Edwin Cannan, *The Paper Pound of 1797–1821* (London: King & Son, 1925).

3 Vgl. Vera C. Smith, *The Rationale of Central Banking* (Indianapolis: Liberty Fund, 1990 [1936]), insb. Kap. VII–XI.

4 Vgl. insbesondere seine von Piero Sraffa herausgegebenen monetären Schriften in *Works and Correspondence* (Cambridge: Cambridge University Press, 1951–73), Bd. IV.

5 Dazu zählten in Großbritannien u. a. Thomas Joplin, James McCulloch, Mountifort Longfield, Richard Torrens und Samuel Jones-Loyd; in Deutschland insbesondere Wilhelm Tellkampf, Philipp Geyer, Carl Knies, Otto Hübner und Otto Michaelis; in Frankreich u. a. Henri Cernuschi und Léon Wolowski. Vgl. V. C. Smith, *The Rationale of Central Banking*, a. a. O., S. 145.

6 Dazu zählten in Großbritannien u. a. Thomas Tooke, John Fullarton, James Wilson und H. D. Macleod; in Deutschland vor allem Adolph Wagner und Leopold Lasker; in Frankreich u. a. Charles Coquelin, Jean-Gustave Courcelle-Seneuil, Michel Chevalier und J. E. Horn. Vgl. V. C. Smith, *The Rationale of Central Banking*, a. a. O., S. 144.

7 Vgl. Macleod, *The Theory of Credit* (London: Longmans, Green & Co., 1889), S. 82. Siehe auch ders., *The Theory and Practice of Banking* (London: Longman, Brown Green, and Longmans, 1856).

8 Vgl. Schumpeter, *Theorie der wirtschaftlichen Entwicklung* (Leipzig: Duncker & Humblot, 1911).

9 Vgl. Hahn, *Volkswirtschaftliche Theorie des Bankkredits* (Tübingen: Mohr, 1920); Keynes, *Allgemeine Theorie der Beschäftigung, des Zinses und des Geldes* (Leipzig: Duncker & Humblot, 1936).

10 Vgl. Hahn, *The Economics of Illusion* (New York: New York Institute of Finance, 1949).

11 Vgl. Enfantin, Carnot, Fournel und Duveyrier, *Doctrine de Saint-Simon: Exposition. Première année.* 1828–1829 (3. Aufl., Paris: Bureau de l'Organisateur, 1831)

12 Vgl. Marx und Engels, *Manifest der kommunistischen Partei* (London: Bildungs-Gesellschaft für Arbeiter, 1848).

13 Aus Proudhons Feder ist insbesondere der schriftliche Wortwechsel mit Frédéric Bastiat immer noch sehr lesenswert, weil hier beide Positionen in besonders klarer und sprachlich gewandter Form zum Ausdruck kommen. Siehe Frédéric Bastiat, »Gratuité du crédit«, *Œuvres complètes* (Paris: Guillaumin, 1863), Bd. V, S. 94–335.

14 Vgl. Hilferding, *Das Finanzkapital* (Berlin: Dietz, 1947 [1910]).

15 Vgl. Keynes, *Allgemeine Theorie der Beschäftigung, des Zinses und des Geldes,* a. a. O., Kap. 23.

16 Danach wurde er mit Unterbrechungen viermal zum österreichischen (k. k.) Finanzminister ernannt und gelangte durch seine kompetente Amtsführung zu einer Anerkennung, die weit über seine Fachgrenzen hinauswuchs und sich u. a. in seiner Wahl zum Präsidenten der Akademie der Wissenschaften niederschlug. Nach seinem definitiven Rückzug aus den Regierungsgeschäften widmete Böhm-Bawerk sich vor allem der Forschung und der Lehre.

17 Vgl. Menger, *Grundsätze der Volkswirthschaftslehre* (Wien: Manz, 1871).

18 Vgl. Böhm-Bawerk, *Kapital und Kapitalzins* (4. Aufl., Jena: Fischer, 1921).

19 Menger hat seine Geldlehre in einem sehr gründlichen Artikel dargestellt: »Geld« *Handwörterbuch der Staatswissenschaften,* 3. Aufl. (1909), Neudruck in Menger, *Gesammelte Werke,* hg. von F. A. Hayek (Tübingen: Mohr, 1968), Bd. IV, S. 1–124.

20 Vgl. Mises, *Erinnerungen* (Stuttgart: Gustav Fischer, 1978), S. 74.

21 *Theorie des Geldes und der Umlaufsmittel,* 1. Aufl., 1912, S. 430f

Teil III

Mises' Staats- und Interventionismuskritik –

von Philipp Bagus

»Nie ist es gelungen, zu zeigen, daß [...] neben der auf dem Sondereigentum an Produktionsmitteln beruhenden Gesellschaftsordnung und der auf dem Gemeineigentum an Produktionsmitteln beruhenden noch eine dritte Gesellschaftsordnung denkbar und möglich sei. Das zwischen beiden vermittelnde System des durch obrigkeitliche Maßnahmen beschränkten, geleiteten und regulierten Eigentums einzelner ist in sich selbst widerspruchsvoll und sinnwidrig; jeder Versuch, es ernstlich durchzuführen, muß zu einer Krise führen, aus der dann entweder Sozialismus oder Kapitalismus allein den Ausweg geben können.«

Ludwig von Mises, Kritik des Interventionismus, 1929, S. 23.

1. Mises' Sozialismuskritik

Ludwig von Mises' Staatskritik hält sich nicht mit Oberflächlichkeiten auf. Sie konzentriert sich nicht auf mangelnde Anreize für Politiker oder auf eine zu egoistische Natur von Menschen, die sich nicht selbstlos für den Staat opfern. Mises' Staatskritik ist grundsätzlicher und absoluter. Sie trifft den Etatismus ins Herz. Und zwar tödlich.

Mises' berühmteste Kritik am Staate ist seine Analyse der Funktionsweise des Sozialismus. Wenn Karl Marx auch eine Analyse der Funktionsweise des Sozialismus ablehnte, da er ja ohnehin unweigerlich über die Menschheit kommen würde, nahm sich Mises in seinem 1920 erschienenen Aufsatz »Die Wirtschaftsrechnung im sozialistischen Gemeinwesen« die Freiheit, der Frage nachzugehen, ob der Sozialismus wirklich zu mehr materiellem Wohlstand führt. Das hatten seine Apologeten bis dahin versprochen. Und das hatte für viele Anhänger seinen Reiz ausgemacht. Zu diesem Zeitpunkt waren die empirischen Ergebnisse noch nicht eindeutig. Einen erhellenden Vergleich West- und Ostdeutschlands gab es noch nicht.

Mises' großes Verdienst war es zu beweisen, dass der Sozialismus eben nicht zu mehr Wohlstand als der Kapitalismus führt, sondern vielmehr in die chaotische Armut. Dadurch nimmt er dem Sozialismus einen Großteil seiner Attraktivität.

Sozialismus kann nicht funktionieren, weil er eine Wirtschaftsrechnung unmöglich macht.[1] Selbst wenn es gelänge, eine neue Art Mensch im Sozialismus zu schaffen, die selbstlos und hochmotiviert für das Kollektiv arbeitete, wäre der Sozialismus zum Scheitern verurteilt.

Mises definiert den Sozialismus als eine Gesellschaftsform mit Gemeineigentum an den Produktionsmitteln. Seine Gegenform ist der Kapitalismus, der sich durch Privateigentum an den Produktionsmitteln auszeichnet. Im Sozialismus sind alle Rohstoffe, Transportmittel, Vorprodukte, Maschinen, Infrastruktur und Fabriken in Staatshand.[2]

Es gibt keine Unternehmer, die in der Hoffnung, Gewinne zu erwirtschaften, Transportmittel kaufen, Rohstoffe handeln, Arbeitskräfte einstellen, Maschinen anschaffen oder ganze Fabriken erwerben. Da alle Produktionsmittel im festen Griff des Staates sind, werden sie nicht im Markt gehandelt. Es gibt daher auch keine Marktpreise für Rohstoffe, Arbeitsleistungen, Energie, Maschinen etc. Ohne Preise kann man jedoch nicht rechnen. Einnahmen und Ausgaben sind nicht anhand von Preisen vergleichbar. Somit kann der staatliche Planer nicht die wirtschaftlichste Produktionsweise wählen. Es kommt unweigerlich zu Verschwendung.

Nehmen wir zur Veranschaulichung einmal an, ein sozialistischer Staat möchte allen seinen Untertanen einen Tablett-PC zur Verfügung stellen. Nun gibt es aber unzählige Möglichkeiten, ein solches Gerät mit den gleichen technischen Fähigkeiten zu erzeugen. So können die eingebauten Computerchips alternativ aus Kupfer, Silber, Gold, Platin oder Silicium gefertigt sein. Der Tablett-PC ist jeweils gleich schnell. Welche Option sollte man wählen? Offensichtlich bietet sich die billigste Variante an. Aber ohne Marktpreise kann der staatliche Planer nicht wissen, welche Alternative die günstigste ist. Er tappt im Dunkeln. Denn die Kostenrechnung ist im Sozialismus unmöglich.

Betrachten wir ein weiteres Beispiel. Ein wohlmeinender sozialistischer Diktator möchte dafür sorgen, dass es seinen Untertanen im Winter nicht zu kalt wird. Da er über alle Arbeitskräfte und Ressourcen in seiner Volkswirtschaft frei verfügen kann, kommen ihm verschiedene Möglichkeiten in den Sinn. Er könnte in jedem Haus einen Holzofen errichten lassen und in der kalten Jahreszeit 25 Prozent der verfügbaren Arbeitskräfte zum Holzhacken in die Wälder schicken. Alternativ könnte er 75 Prozent seiner Arbeiter auf stromerzeugenden Fahrrädern strampeln lassen und die Häuser elektrisch heizen. Er erwägt zudem, seine Arbeitsarmee daranzusetzen, die Häuser besser zu isolieren. Ferner könnte er auf den Dächern Solaranlagen installieren lassen, was jedoch seine Zeit dauert und technologisch anspruchsvoll ist. Schließlich könnte er auch ein Atomkraftwerk errichten lassen, was aber zeitlich noch aufwendiger ist.

Welche Möglichkeit ist die beste?

Jede hat ihre Kosten. Einige Optionen verbrauchen mehr an Arbeit, einige mehr an Holz, andere mehr an Uran. Auch in der zeitlichen Dauer unterscheiden sie sich. Jede Alternative verbraucht bestimmte Ressourcen und Arbeitskräfte, die nicht gleichzeitig für andere Projekte zur Verfügung stehen. Wählt der Diktator die Fahrradvariante, hat er 75 Prozent der arbeitenden Bevölkerung in Beschlag genommen, die nun keine anderen Güter mehr herstellen können. Wählt er die Ofenoption sind es nur 25 Prozent der Arbeiter. Dafür kann das verheizte Holz nicht mehr in der Möbelproduktion eingesetzt werden und die im Sommer als Erholungs- und Ausflugsziel dienenden Wälder schrumpfen. Wiederum andere Kosten fallen bei der Isolier-, der Solar- und der Atomkraftalternative an.

Der Diktator kann die Alternative frei wählen. Ihm gehört ja alles. Aber aus eben diesem Grunde gibt es auch keine Preise für Arbeit, Holz, Uran etc. Er kann die Kosten nicht monetär vergleichen.[3] Seine Entscheidung ist vollkommen willkürlich. Wählt er die Ofenvariante, vermag er nicht zu wissen, ob die von ihm produzierte Wärme in den Augen der Menschen mehr wert ist als die zur Wärmeerzeugung eingesetzten Ressourcen. Ist die Wärme im Winter den Leuten wichtiger als die Produkte, die nun nicht mehr produziert werden können, weil so viele Menschen zum Holzhacken abgestellt sind? Würden die Menschen nicht lieber im Sommer einen unberührten Wald genießen oder aber sich feiner Holzmöbel erfreuen?

Der Diktator kann die Antwort auf diese Fragen nicht kennen. Ihm fehlen die Preise. In einer Marktwirtschaft würde ein Unternehmer Verlust einfahren, wenn die Kosten für das Fällen der Bäume die Einnahmen aus dem Brennholzverkauf übersteigen. Der sozialistische Planer agiert zwangsläufig blind. Sein System versinkt in der Unordnung, im »geplanten Chaos«.[4]

Wenn die Wirtschaftsrechnung im Sozialismus unmöglich ist und dieser daher im Chaos endet, was sind dann die Alternativen?

Muss es denn wirklich der ungezügelte Kapitalismus sein? Sind nicht alle Extreme schlecht? Gibt es keinen Mittelweg, der das Chaos des Sozialismus und die Übertreibungen des freien Marktes überwindet? Was ist mit einem dritten Weg, in dem der Staat nur korrigierend in den Markt eingreift und sich des Preissystems bedient?

Auch heute würden wohl die meisten Menschen einen solchen dritten Weg verteidigen. Ihrer Auffassung nach sollte es neben dem freien Markt zumindest in manchen Bereichen staatliche Alternativen für Bedürftige geben. Ein staatliches Bildungs- oder Gesundheitssystem sei weder Sozialismus noch schalte es den Markt ganz aus. Das Privateigentum bliebe bestehen. Der Leiter einer Staatsschule oder eines öffentlichen Krankenhauses, die Lehrer und Ärzte wollten doch für Patienten und Schüler auch nur das Beste, versuchten effizient zu handeln und könnten sich dazu der Marktpreise bedienen. In mancher Hinsicht seien diese Staatsunternehmen den nur auf kurzfristigen Profit ausgelegten Privatinstitutionen sogar überlegen; so hört man immer wieder.

2. Mises' Bürokratiekritik

Dieser weitverbreiteten Argumentation widmet sich Ludwig von Mises in seiner Bürokratiekritik.[5] Der österreichische Ökonom weist darauf hin, dass Unternehmer und Bürokraten in einem grundverschiedenen Umfeld agieren. Der Unternehmer riskiert sein eigenes Kapital. Wenn er die Bedürfnisse der Konsumenten besser befriedigt als seine Konkurrenten und im Verhältnis zu seinen Verkaufspreisen die Produktionsfaktoren günstig einkauft, realisiert er Gewinne. Diese Gewinnerwartung treibt ihn zu diesen Höchstleistungen.

Das Handeln des Unternehmers wird durch seine Gewinnabsicht geleitet.[6] Jede seiner Entscheidungen fällt vor diesem Hintergrund: Soll er diesen Arbeiter zusätzlich einstellen, jenem Arbeiter das Gehalt erhöhen, einen größeren Transportwagen anmieten, Rohstoffe auf Lager legen, eine Werbekampagne im Internet starten, Preisnachlass für Vielabnehmer gewähren? All diese Entscheidungen sind nicht willkürlich. Der Unternehmer schätzt, wie sich diese Entscheidungen auf den Gewinn auswirken. Er hat damit eine klare Richtlinie.

Ganz anders der Bürokrat. Er handelt in einem unterschiedlichen Umfeld. Denn er riskiert nicht sein eigenes Kapital. Vielmehr bekommt er seine Ausgaben im Zweifelsfalle vom Staat bezahlt. Genauer: Falls seine Einnahmen die Ausgaben nicht decken, kommt der Staat für die Differenz auf. Aufgrund dieser radikal anderen Voraussetzungen wird der Bürokrat daher tendenziell anders handeln als sein Gegenüber im Privatsektor. Zumindest kann er es sich *erlauben,* anders zu handeln. Aber nach welchen Kriterien handelt der Bürokrat überhaupt, wenn das Gewinnmotiv als Orientierung ausfällt?[7] Wie soll er die oben genannten Fragen beantworten? Wie viele Leute soll er einstellen, welche Gehälter zahlen und wie die Produktionsabläufe strukturieren?

Um Willkür und Chaos einzuschränken, bleibt dem Staat nichts anderes übrig, als das Verhalten des Bürokraten streng zu regulieren und ihm für bestimmte Fälle genaue Handlungen vorzuschreiben. Die Anweisungen sind aus ihrer Natur heraus inflexibel und starr. Es ist einfach unmöglich, für alle möglichen Fälle Anweisungen zu geben oder die künftigen Probleme und Fälle vor ihrem Entstehen klar vorherzusehen. So ergeben sich die inflexiblen Reglementierungen, denen der Bürger in Behörden begegnet. Die dort sitzenden Bürokraten können nicht gewinnorientiert sein. Sie handeln in einem anderen institutionellen Umfeld. Ihr Verhalten richtet sich nicht nach dem Wohle der Kunden zwecks Gewinnerzielung. Im Einwohnermeldeamt steht vielmehr die Regelbefolgung im Vordergrund. Ausnahmen gibt es nicht. Wer auf dem Passfoto die Augen schließt, bekommt den Pass nicht. So schreiben es die Richtlinien dem Bürokraten vor.

Die Gewinnorientierung und Verlustvermeidungsabsicht unterscheidet damit grundsätzlich die Entscheidungsvoraussetzung von Bürokraten und Unternehmern. Gewinn und Verlust sind elementare Bestandteile einer Marktwirtschaft, wie Ludwig von Mises eindrucksvoll klarstellt.[8] Sie zeigen dem Unternehmer an, welche Handlungen er vollziehen und welche er besser meiden sollte, will er im Geschäft bleiben.

Unternehmer versuchen, die künftigen Bedürfnisse ihrer Mitmenschen zu antizipieren. Besonders erfolgreiche Unternehmen sehen diese Bedürfnisse, bevor sich die Konsumenten selbst ihrer bewusst werden. Steve Jobs von Apple sah beispielsweise voraus, dass ein intuitiv zu bedienendes, qualitativ hochwertiges Tablet wie das iPad großen Anklang finden würde.

In einem zweiten Schritt schätzen die Unternehmer den Preis, den sie für ihr Produkt erzielen können. In Funktion der erwarteten künftigen Zahlungsbereitschaft der Konsumenten bieten die Unternehmer dann um die Produktionsfaktoren. Sie agieren dabei unter Unsicherheit, denn die Kosten ihrer Produktionsfaktoren entstehen in der Gegenwart. Der Absatzpreis ihres Produktes fällt in der Zukunft an und ist damit unsicher.

Die Obergrenze für den Preis, den Unternehmer für die Produktionsfaktoren bieten können, ist eben diese von ihnen geschätzte Zahlungsbereitschaft der Konsumenten. Die Untergrenze für den für die Produktionsfaktoren gebotenen Preis wird durch das Bieten der anderen Unternehmer gesetzt, die ebenfalls um die Produktionsfaktoren konkurrieren. Genauso wie die Obergrenze wird damit auch die Untergrenze indirekt durch die Konsumenten bestimmt. Die konkurrierenden Unternehmer bieten nämlich ebenfalls um die Produktionsfaktoren in Funktion der von ihnen erwarteten Zahlungsbereitschaft der Konsumenten für die jeweiligen Produkte. Damit steuern die Konsumenten die Produktion. Die Unternehmer sind lediglich die Befehlsempfänger, oder besser Befehlsvorausahner und setzen die Produktionsfaktoren tendenziell in der Produktion ein, die den Konsumenten am wichtigsten ist.

Überschätzt ein Unternehmer den Preis, den er für sein Produkt zu erzielen vermag, und bietet er in der Folge einen zu hohen Preis für die Produktionsfaktoren, erleidet er einen Verlust. Er kann die Kosten der Produktionsfaktoren nicht mit seinen Umsätzen hereinholen. Er hat für sein Projekt Produktionsfaktoren akquiriert, die besser in anderen Projekten benutzt worden wären. In jenen Alternativprojekten hätten Gewinne erzielt werden können, da die Konsumenten das Produkt im Vergleich zu den Kosten der Produktionsfaktoren höher bewerten. Unterschätzt hingegen der Unternehmer den künftigen Verkaufspreis und bietet den Produktionsfaktoren eine zu geringe Entlohnung an, so kommen sie in anderen Projekten zur Nutzung.

Gelingt es dem Unternehmer, Produktionsfaktoren für sein Projekt zu erwerben und in der Zukunft sein Produkt mit Gewinn zu verkaufen, dann hat er im Sinne der Konsumenten gut gehandelt. Er hat die knappen Ressourcen der Gesellschaft nicht verschwendet, wie sein verlusterleidender Kollege. Vielmehr hat er ein Produkt erzeugt, das den Konsumenten mehr wert ist als die zur Herstellung eingesetzten Produktionsfaktoren.

Kommen wir noch einmal zum iPad-Beispiel zurück. Angenommen Steve Jobs schätzt, dass er ein iPad zu 500 Euro in einer hohen Stückzahl verkaufen kann. Dann kann er in Funktion dieser Schätzung um die Produktionsfaktoren bieten. Er kann Programmierer von Microsoft abwerben, indem er ihnen ein wenig mehr zahlt als bisher. Er kann eine Fabrik in China anmieten, Rohstoffe erwerben etc. Dabei bindet ihn die erwartete künftige Zahlungsbereitschaft für das iPad.

Schätzt er den künftigen Preis für das iPad auf 1000 Euro kann er den Programmierern noch viel höhere Gehälter anbieten und eine größere Anzahl bei der Konkurrenz abwerben. Schätzt er den Preis nur auf 100 Euro kann er entsprechend weniger für die Ressourcen bieten und abwerben. Möglicherweise wird sein Projekt dann auch unrealisierbar.

Schätzt Jobs den iPad-Preis hoch genug ein, um der Konkurrenz Ressourcen abjagen zu können, so muss die Konkurrenz ihre Produktion unter das anderweitig erreichte Niveau absenken. Eine Fabrik, die vielleicht früher PCs produziert hat, stellt jetzt das iPad her. Ein

Programmierer für PC-Software bastelt nun im Auftrag für Apple an neuen Applikationen für das iPad.

Behält Steve Jobs Recht, legen sich die vielen Konsumenten anstatt neuer PCs die begehrten iPads zu. Zahlt er relativ wenig für die Produktionsfaktoren im Vergleich zu seinem Produktverkaufspreis, erwirtschaftet er einen Gewinn. Die PC-Industrie schrumpft, und der Tabletmarkt wächst.

Behält Steve Jobs Unrecht, erleidet er einen Verlust. Er hat zur Verschwendung der knappen Ressourcen der Gesellschaft beigetragen, indem er für die Produktionsfaktoren zu viel gezahlt und von anderen – in den Augen der Konsumenten wichtigeren – Projekten abgezogen hat. Die Fabrik hätte weiterhin PCs herstellen und der Programmierer PC-Software basteln sollen.

Über ihre Konsumentscheidungen und die daraus resultierenden Gewinne oder Verluste steuern die Konsumenten die Produktion. Für ein Staatsunternehmen fällt diese Steuerung durch Gewinn und Verlust weg. Natürlich werden in einem staatlichen Krankenhaus oder einer staatlichen Hochschule Leistungen erbracht, die die Menschen positiv bewerten – sonst gingen sie ja dort nicht hin. Aber da diese staatlichen Unternehmen dem Marktprozess mit Gewinn und Verlust entzogen sind, kann man nie wissen, ob die benutzten Ressourcen nicht verschwendet werden.

Wie viele Krankenhäuser braucht die Gesellschaft? Eines pro Kontinent, eines pro Staat, eines in jedem Bundesland, eines in jeder Großstadt, eines in jedem Stadtteil, eines pro Wohnblock oder braucht sogar jeder Mensch einen eigenen OP-Raum und Notaufnahme? Klar ist, je näher eine Notaufnahme, desto besser. Desto mehr Leben können gerettet werden. Natürlich entstehen dann aber Kosten. Wenn jeder Mensch sein Privatkrankenhaus erhält, muss die Produktion anderer Güter, wie die Lebensmittelproduktion oder Kulturangebote, enorm beschnitten werden.

Wie viele und welche Art von Bildungsstätten, Kulturveranstaltungen, Urlaubsreisen, Lebensmitteln, Transportvehikeln, Sportparks, Gesundheitsleistungen oder Sicherheitsprodukten soll es geben? Was ist die optimale Mischung? Die optimale Mischung aus Sicht der Konsumenten ergibt sich in dem wettbewerblichen Prozess auf dem freien Markt, in dem die Unternehmer, geleitet von Gewinnen und Verlusten, konkurrieren. Eine staatliche Entscheidung über den Mix ist aus Sicht der Konsumenten immer willkürlich und ineffizient. Sie führt zu einer relativen Verarmung der Gesellschaft.

3. Mises' Kritik des Interventionismus

Neben diesen grundsätzlichen Überlegungen zum Fehlen von Gewinnen und Verlusten für Staatsunternehmen und Bürokratien hat Ludwig von Mises noch ein weiteres gewichtiges Argument gegen den sogenannten Mittelweg zwischen Sozialismus und Kapitalimus hervorgebracht. In seinem Buch *Die Kritik des Interventionismus* von 1929 weist er auf die Instabilität des Interventionismus hin.

Staatliche Eingriffe in das Wirtschaftsgeschehen verzerren nicht nur das übliche Zusammenspiel der Akteure, sondern verleiten auch zu immer weiteren Eingriffen und damit zu einem Anschwellen der Staatsmacht. Mises erklärt, dass Interventionen zu von ihren Befürwortern unbeabsichtigten Problemen führen, die entweder die Rücknahme des ursprünglichen Eingriffes erfordern oder Folgeinterventionen zur Lösung dieser neuen Probleme veranlassen.[9] Die Folgeinterventionen zeitigen ebenfalls unerwünschte Konsequenzen, die in der Folge gegebenenfalls mit weiteren Eingriffen bekämpft werden. Eine Interventionslawine gerät in Bewegung und begräbt die freie Wirtschaft unter sich.

Mises veranschaulicht diese Dynamik mit dem Beispiel von Maximalpreisen, die unter dem Marktpreis liegen. Durch die Festsetzung von Maximalpreisen sollen auch weniger kaufstarke Menschen diese Produkte erwerben können. Der Österreicher zeigt, dass aus Sicht der Befürworter des Eingriffs unweigerlich ungewollte Folgen entstehen. Wegen der Maximalpreise werden Produzenten ihre Erzeugnisse zurückhalten, anstatt mit Verlust zu verkaufen. Man denke an Mietpreisbindungen, die dazu führen, dass die Eigentümer Wohnungen vom Markt nehmen. Dies ist aus Sicht der Interventionisten jedoch ungewollt. Die Wohnungsknappheit wird noch verschärft.

Darauf könnte der Staat mit dem Befehl reagieren, die Bestände zu verkaufen (oder im Falle der Wohnung zu vermieten). Sind die Bestände aber einmal verkauft oder die Wohnungen heruntergewirtschaftet, wird die erneute Produktion eingestellt. Neubauten zur Vermietung lohnen einfach nicht.

Um die Produktion wieder rentabel zu machen, muss der Staat weiter eingreifen. Er muss die Arbeitslöhne und Preise der anderen relevanten Produktionsfaktoren regulieren, indem er sie so weit herabsetzt, dass sich die Produktion trotz Maximalpreisen wieder lohnt.[10] So kann der Staat die Löhne von Bauarbeitern oder Zement per Befehl senken, um den Wohnungsbau wieder lukrativ zu machen. Ohne diese weiteren Maßnahmen käme es zur Knappheit des Produktes, was ja nicht im Sinne der Befürworter des Eingriffs ist.

Jedoch führt die Preisregulierung bei den Inputfaktoren zu weiteren Problemen. Die Besitzer dieser Inputfaktoren werden sich in anderen Bereichen der Wirtschaft nach Verwendungen umsehen, in denen die Preise noch frei sind und höhere Verdienste zu erzielen sind. Der Wohnungsbau wird durch Abfluss von Produktionsfaktoren in andere Industrien schrumpfen. Kapital fließt in gewinnbringendere Projekte.

Als Ausweg verbleibt für die Eingriffsbefürworter, die Interventionsspirale weiterzudrehen und auch die Preise der restlichen Märkte zu regulieren. Die Preise in jedem Sektor werden einfach so festgesetzt, dass die Produktion nach den Vorstellungen der Interventionisten verläuft. Zudem muss ein Arbeitszwang eingeführt werden. Es kommt letztlich zur planwirtschaftlichen Produktionssteuerung. Über die Interventionsspirale ist man im Sozialismus gelandet.

4. Die Europäische Zentralbank

Das Drehen der Interventionsspirale lässt sich auch sehr schön mit dem Aktionismus der Europäischen Zentralbank, EZB, veranschaulichen, die sich von einem Eingriff ins Geldwesen zum nächsten zum Allesretter und Kontrolleur aufgeschwungen hat.[11] Das Unheil nahm seinen Lauf im Jahr 2001, als die EZB der aggressiven Zinssenkungspolitik der amerikanischen Notenbank, Federal Reserve, folgte. Der Zinssatz wurde nach unten manipuliert.

Besonders in der europäischen Peripherie kam es zu einer enormen Kreditausweitung. Es wurden Kredite vergeben, die nicht durch reale Ersparnisse, d. h. Konsumverzicht, gedeckt waren, sondern einfach aus dem Nichts geschaffen wurden. Es wurden Investitionen finanziert, die letztlich nicht tragfähig waren – wegen der fehlenden Ersparnisse.

Mit der günstigen Liquidität alimentiert, expandierte der Bankensektor, boomte der Immobilienmarkt und wucherten gewaltige Wohlfahrtsstaaten heran – die Politikeliten bedienten sich großzügig. Die EZB-Liquiditätsschwemme blähte Blasen auf und erzeugte Verzerrungen, wohin man blickte.

Wie bei allen Interventionen gab es zwei grundsätzliche Möglichkeiten, auf die selbstgeschaffenen Probleme zu reagieren. Erstens konnte die EZB ihre Eingriffe rückgängig machen, die Zinsen deutlich erhöhen und Liquidität abschöpfen. Das hätte viele Akteure getroffen, die nur künstlich am Leben erhalten wurden und werden. Es wäre zu einer großen, schmerzhaften, aber auch schnellen Bereinigung gekommen. Der Immobiliensektor wäre kollabiert. Der Finanzsektor hätte sich gesundgeschrumpft. Ganze Staaten hätten Bankrott anmelden und ihre Ausgaben massiv einschränken müssen.

Die EZB entschied sich 2008 wie andere Notenbanken für die zweite der beiden Möglichkeiten, um auf die Probleme des Interventionismus zu reagieren: Folgeinterventionen. Sie senkte die Zinsen und pumpte weitere Liquidität in den Markt. So konnten Immobilienunternehmen überleben – oder ihr Ableben hinauszögern – und Bauprojekte beenden. Als der Interbankenmarkt zusammenbrach, sprang die EZB auch für die Banken in die Bresche. Sie senkte wiederholt die Anforderungen für die Sicherheiten bei Refinanzierungsgeschäften und erhöhte die Laufzeit ihrer Kredite – mit den längerfristigen Refinanzierungsgeschäften (LTRO) auf drei Jahre –, die sie unbegrenzt vergibt. Nicht zu vergessen ist auch der Rettungsschirm ESM (Europäischer Stabilitätsmechanismus), mit dem die Banken demnächst direkt rekapitalisiert werden können. Indirekt wird auch der ESM durch die EZB finanziert; denn die EZB finanziert Staaten und Banken, die wiederum den ESM mit Geldern ausstatten.

Aber war mit der Abfolge dieser bisher nie da gewesenen Eingriffe die Situation bereinigt? Nein, die Bankenrettung war nicht komplett ohne eine Staatsrettung. Die Interventionsspirale musste sich weiterdrehen. Denn Banken finanzieren die Staaten. Also muss die EZB die Staaten finanzieren, sonst gehen diese Konkurs und ziehen die sie finanzierenden Banken mit hinab. Zudem hilft die Staatsrettung den Banken, da die Staaten deren Einlagen garantieren und mit Steuergeldern retten. Nach der Logik des Interventionismus muss man also beide retten – Staaten und Banken.

So half die EZB auch bei der Rettung von Regierungen. Dabei hatte sie selbst durch ihre expansive Geldpolitik die Überschuldung forciert und beim Aufbau überdehnter Wohlfahrtsstaaten mitgeholfen. Schon vor 2010 akzeptierte die EZB Staatsanleihen aus der Peripherie als Sicherheit für Bankkredite. Alle Mitgliedstaaten konnten Anleihen ausgeben, die die Banken kauften, weil sie gegen Hinterlegung dieser Anleihen bei der EZB neues Geld von der EZB bekommen konnten.

Im Mai 2010 ging die EZB dann noch einen Schritt weiter, indem sie begann, direkt Staatsanleihen, zunächst von Griechenland, später auch von anderen Problemländern aufzukaufen, um den Marktteilnehmern zu versichern, dass sie den Interventionspfad nicht verlassen würde.

Um Staatsanleihen bei der EZB als Pfand für neue Kredite hinterlegen zu können, benötigen diese Anleihen ein Mindestrating. Auch hier schritt die EZB ein und setzte die Mindestratings für griechische, portugiesische und irische Staatsanleihen herab, um diese Staaten zu unterstützen. Selbst eine als Ramschanleihe eingestufte Anleihe ist heute zur Hinterlegung erlaubt.

Die Emergency Liquidity Assistence, kurz ELA, war dann ein weiterer Eingriff, um Ratinganforderungen der EZB zu umgehen. ELA ermöglicht es den nationalen Notenbanken, eigenständig Geld zu schaffen, um ihre Regierungen und Banken zu finanzieren. Doch nicht genug: Im September 2012 sah sich EZB-Präsident Mario Draghi gezwungen, noch einen Schritt weiter zu gehen. Er versprach, unbegrenzt Anleihen von Staaten zu kaufen, die unter den Rettungsschirm schlüpfen. Wie beabsichtigt fiel die Verzinsung von Südanleihen und wendete den in Spanien drohenden Staatsbankrott vorerst ab. Nur dank dieser EZB-Rettungen rettete sich die Eurozone ins Jahr 2013.

Wie bei Interventionen üblich zeitigt die EZB-Rettungsorgie unerwünschte Nebenwirkungen. Die Zinssenkungen haben das Überleben von Unternehmen verlängert, die besser sofort untergegangen wären. Denn in diese Unternehmen flossen Kredite, die für eine Umstrukturierung der Wirtschaft dringend an anderer Stelle benötigt worden wären. So stecken knappe Ersparnisse und Produktionsfaktoren zum Beispiel in Wert vernichtenden spanischen Bauunternehmungen fest. Diese Ressourcen fehlen für neue, nachhaltige Investitionsprojekte. Der Aufschwung verzögert sich, Arbeitsplätze entstehen nicht.

Die Bankenrettung verzögert das Gesundschrumpfen der Finanzindustrie. Vor allem in der Peripherie wandeln Zombiebanken, die in ihren Büchern faule Kredite und Immobilienbesitz stehen haben. Diese Positionen werden nicht abgeschrieben, weil die Banken sonst offenkundig insolvent wären. Mittels EZB-Liquidität werden diese Banken künstlich am Leben erhalten. Die Banken müssen ihren Immobilienbesitz nicht verkaufen und verhindern damit eine rasche Anpassung der Immobilienpreise, die den Markt wiederbeleben würden. Aufgrund der allgemeinen Fragilität des Finanz- und Staatssektors und der hohen regulatorischen Unsicherheit vergeben die Banken kaum Kredite – und wenn, dann an ihre Regierungen.

Auch die Staatsrettungen verzögern den Aufschwung. Gescheiterte Eurostaaten gehen nicht Konkurs und müssen ihre Ausgaben daher nicht ihren Einnahmen anpassen. Defizite und öffentliche Verschwendung laufen – ein wenig gedrosselt – weiter und blockieren eine schnelle Belebung. Der Druck zu unbeliebten Reformen wird von den Regierungen genommen. Er erschöpft sich in mahnenden Worten der internationalen Gläubiger.

Eine andere Folge der Rettungsspirale ist die stetige, noch kaum merkliche Umverteilung. Immer wenn neues Geld geschaffen wird, gewinnen diejenigen, die es zuerst erhalten: hier die geretteten Unternehmen, Banken und Staaten. Sie gewinnen auf Kosten derer, die das neue Geld als Letzte erhalten und sich mit höheren Preisen konfrontiert sehen, als es sonst gegeben hätte. Kontinuierlich fließt Reichtum über die EZB von den Geldnutzern zu Blasenunternehmern, von der Real- in die Finanzwirtschaft, von Nord- nach Südeuropa. Beispielsweise verlieren deutsche Sparer ihr Vermögen schleichend zugunsten spanischer Banken oder Rentner.

Wer wie die EZB nicht nur rettet, sondern auch künftige Rettungen verspricht, darf sich zudem nicht wundern, dass in der Zukunft weitere Rettungen erforderlich werden müssen. Einmal in der Logik der Interventionsspirale gefangen, dreht sich das Perpetuum mobile zur Rettung immer schneller.

Zudem erhöhen die Rettungen zwangsläufig die Macht der EZB, die beansprucht, den Geretteten bestimmte Verhaltensweisen vorzuschreiben. Durch die Bankenunion soll beispielsweise die EZB die Banken beaufsichtigen und gegebenenfalls auch liquidieren können. Doch die Liquidierung nicht tragfähiger Banken würde der EZB, welche die Banken durch Kredite ja unterstützt, selbst Verluste zufügen. Der Retter wird vom Geretteten immer abhängiger und muss immer weiter retten, um Verluste zu vermeiden.

Ähnlich liegt es bei den Staatsrettungen. Indem die EZB – durch das Versprechen unbegrenzten Aufkaufs von Staatsanleihen – die unbegrenzte Finanzierung von Staatsausgaben bei Inanspruchnahme des Rettungsschirms verspricht, betreibt sie eifrig Fiskalpolitik. Die EZB möchte indirekt entscheiden, welche Reformen und Ausgaben in den geretteten Ländern getätigt werden. Diese Macht der EZB ist gleichzeitig ihre Schwäche. Mit jeder Rettungsaktion macht sie sich verletzlicher und abhängiger von der Politik. Ein Zurückfahren der Eingriffe, ein Bremsen der Liquiditätszufuhr, eine Rücknahme der Rettungsversprechen würde den Konkurs von Banken und Staaten bedeuten – und damit auch den Konkurs von deren größtem und finalem Gläubiger: der EZB selbst.

Retter und Gerettete sitzen in einem Boot. Nur weitere Rettungen und die Beschleunigung der Notenpresse können den Euro ohne Konkurse zusammenhalten. In Konkurs gehen wird dann jedoch der Gedanke der Geldwertstabilität.

Macht und politische Abhängigkeit der EZB werden weiter steigen, die Zentralisierungstendenzen zunehmen. Ein nächster Schritt in der Interventionslogik könnte die Banklizenz für den ESM oder die Einführung von Eurobonds sein. Wenn man den Weg des Interventionsschneeballs zu Ende geht, gelangt man zu den von Trichet und einigen Südpolitikern geforderten Vereinigten Staaten von Europa. Denn die Rettungsaktionen werden ein europäisches Wirtschaftsministerium und schließlich einen Europäischen Zentralstaat legitimieren, der die Fiskalpolitik überwacht. Nach Ausschaltung des Systemwettbewerbs, und vor allem des Steuerwettbewerbs, werden Umverteilung, unverantwortliches Handeln und Staatswachstum sich noch ungezügelter ausleben. Ein derartiger Europäischer Superstaat steht am Ende des durch im europäischen Geld- und Bankenwesen beschrittenen Interventionspfads. Die Alternative ist ein Ende der Rettungspolitik, die dann aber eine Reihe von Folgeproblemen wie Banken- und Staatspleiten und vor allem die Frage nach einem stabileren marktwirtschaftlicheren Währungssystem nach sich zieht.

5. Wege aus dem Interventionismus

Der Interventionismus ist in sich mithin nicht stabil – das ist Mises' Hauptargument. Zwar kann die Politik zwischen mehr oder weniger Interventionismus hin- und herschwanken. Aber es bleibt nicht still. Immer stellt sich erneut die Frage, ob ein Eingriff zurückgenommen werden soll, weil er eine unbeabsichtigte Folge zeitigte, oder ob diese Folge mit weiteren Eingriffen bekämpft werden soll.

Übrigens gilt das umgekehrte Argument auch für die Rücknahme von Eingriffen. Die Einstellung eines Staatseingriffs löst Druck aus, weitere Eingriffe zurückzunehmen. Wird im Maximalpreisbeispiel der Arbeitszwang und die allumfassende Preisregulierung aufgehoben, ohne die Preisregulierung in der Bauindustrie mit aufzuheben, sind wir wieder bei dem Problem, dass Produktionsfaktoren in andere Industrien abfließen. Will man dies vermeiden, muss die Inputpreisregulierung und schließlich die ursprüngliche Intervention des Maximalpreises abgelöst werden.

Ähnliche Implikationen besitzt Mises' Interventionismuskritik für Reformpläne. Isolierte Reformpläne führen häufig zu Problemen, die aus noch anderen bestehenden Staatseingriffen resultieren. Diese Probleme werden häufig als Hauptgegenargument gegen die Reformen hervorgebracht.

Man könnte hier auch von einer Spirale des Desinterventionismus sprechen. Oftmals führt eine Reform aus Sicht ihrer Befürworter (und interventionistischen Gegner) zu Problemen. Sie stehen dann vor der Frage, die Reform oder Desintervention zurückzunehmen, begleitende Staatseingriffe einzusetzen oder aber die Logik der Desintervention fortzusetzen, was wiederum zu ungewollten Problemen führen kann. So sind auch Reformvorschläge vielmals in sich instabil, da sie nur Teilbeschneidungen eines interventionistischen Staates sind. Nur eine vollständige Einstellung von Staatseingriffen würde diese Probleme vermeiden und zu einem stabilen System im Sinne Mises' einer freien Marktwirtschaft führen.

Als Beispiel sei eine Umstellung von einem staatlichen umlagefinanzierten auf ein privates kapitalgedecktes Rentensystem genannt. Bei einer plötzlichen Umstellung hingen viele Leute in der Luft, die auf eine staatliche Rente im Alter gebaut haben. Nun könnte man argumentieren, dass sie einfach von ihren Kindern unterstützt werden. Jedoch sind nicht zuletzt durch die Anreize des Umlageverfahrens die Geburtenraten stark zurückgegangen.

Zusätzlich könnten Spenden der arbeitenden Generation die ältere Generation in Härtefällen unterstützen. Um die Spendenbereitschaft zu erhöhen, könnten die Steuern gesenkt werden. Die Steuersenkung ist jedoch bereits die Einstellung oder Milderung eines weiteren Staatseingriffs als Folge der ersten Reform. Zusätzlich könnte die Möglichkeit, das Arbeitsleben auszudehnen, vergrößert werden, um Zusatzverdienste im Alter zu erleichtern. Dazu müsste der Arbeitsmarkt flexibilisiert werden. Weitere Eingriffe würden dann gestrichen.

Kann aber eine kapitalgedeckte Rente im Zeitalter der finanziellen Repression überhaupt ausreichend sein? Viele Ersparnisse werden in die Taschen des Staates umgeleitet. Versicherungen, Investmentfonds und Banken werden durch Regulierungen gezwungen, einen Großteil der Ersparnisse in niedrigverzinsten Staatsanleihen anzulegen. Generell sind die Zinsen dank Expansionspolitik der Zentralbanken auf einem Niedrigstand. Es wird immer schwieriger, eine angemessene reale Verzinsung in inflationären Zeiten zu erwirtschaften und damit privat fürs Alter vorzusorgen. Eine kapitalgedeckte, private Rente ist im heutigen System von hoher staatlich-erzeugter Unsicherheit bedroht.[12] Um eine private Altersvorsorge zu erleichtern, müsste daher die sogenannte finanzielle Repression eingestellt werden. Die Finanzmarktregulierungen müssten aufgehoben, der Niedrigzinspolitik Einhalt geboten werden.

Diese Desintervention würde jedoch zum einen die Staatsfinanzierung infrage stellen und müsste in der Folge ein starkes Absenken der realen Staatsausgaben und der Rolle des Staates in der Wirtschaft nach sich ziehen. Zum anderen würde ein Wegfall der Finanzmarktregulierung eine Umstellung des Währungssystems ratsam machen. Denn eine ungebremste Geldproduktion des Bankensystems würde neue gewichtige Probleme erzeugen.

Ein Währungssystem, in dem die Banken nicht mehr Geld aus dem Nichts schaffen können, sondern dem Privatrecht unterworfen sind, hätte außerdem den Vorteil, weniger inflationär zu sein, was die Sparanreize erhöhte und die private Altersvorsorge einfacher gestaltete. Die Einführung eines vollgedeckten Goldstandards würde die Problematik der Einstellung des umlagefinanzierten Rentensystems damit reduzieren und die Umstellung auf ein kapitalgedecktes System erleichtern.

Die Reform des Währungssystem würde aber zu Insolvenzen von Unternehmungen führen, die sich dem heutigen inflationären Geldsystem angepasst, sich überschuldet haben und auf seinen Bestand angewiesen sind. Auch kann ein vollgedeckter Goldstandard tendenziell zu fallenden Preise führen, wenn die Goldproduktion hinter dem Wirtschaftswachstum zurückbleibt, und damit überschuldete Unternehmen vor Probleme stellen.

Eine Umstellung des Währungssystems sollte daher mit einer Flexibilisierung der Faktormärkte einhergehen, vor allem des Arbeitsmarktes. Zum einen wird so bei Insolvenz überschuldeter Unternehmen die Umleitung der von ihnen in Beschlag genommenen Produktionsfaktoren in neue, gewinnträchtigere Unternehmen erleichtert und einer anhaltenden Massenarbeitslosigkeit vorgebeugt. Zum anderen wird eine Flexibilität ermöglicht, die einem Währungssystem angemessen ist, in dem die Preise nicht kontinuierlich steigen, sondern auch fallen können.

Wie gesehen gibt es nicht nur eine Interventions-, sondern auch eine analoge Reform- oder Desinterventionsspirale. Reformen kollidieren mit noch existierenden Interventionen. Der Druck, diese abzubauen und das Gewicht des Staates zu reduzieren, wird dadurch größer. Werden diese Interventionen weiter abgebaut, entstehen wiederum Reibungen mit anderen noch existierenden Eingriffen und so weiter. Damit ist auch der Reformweg in sich instabil. Entweder er wird entschieden zu Ende gegangen, bis ein kapitalistisches Wirtschaftssystem erreicht ist, oder es kommt zum Rückgängigmachen der Reform mit weiteren begleitenden Eingriffen.

Fassen wir zusammen: In sich stabile Systeme sind nur der Kapitalismus oder der Sozialismus. Der Interventionismus oder dritte Weg neigt zur einen oder anderen Seite. In Mises' Worten: »Entweder Kapitalismus oder Sozialismus, ein Mittelding gibt es nicht.«[13]

Mises' Kritik des Interventionismus-, Bürokratie- und Sozialismuskritik kombinieren sich daher zu einer umfassenden Staatskritik. Der Mittelweg scheidet als effiziente und stabile Alternative aus. Geht man ihn konsequent zu Ende, gelangt man zum Sozialismus. Der Sozialismus bedeutet aber Chaos. Wirtschaftsrechnung ist in ihm unmöglich. Wer Chaos ablehnt, muss daher den Mittelweg zu seinem Ursprung zurückzugehen: dem reinen Kapitalismus.

Anmerkungen

1 Heute würde man statt Wirtschaftsrechnung den Begriff der Kostenrechnung verwenden.

2 Auf das Gleiche laufen Organisationsformen hinaus, in denen das Eigentum formell noch in privater Hand liegt, jedoch seine Nutzung, Verwendung und Übertragung derart vom Staat vorgeschrieben wird, dass die ökonomische Verfügungsgewalt beim Staate liegt. Diese Organisationsformen werden auch als Faschismus bezeichnet.

3 Wie sehen heute, dass mit den zahlreichen Staatseingriffen bei Eigentumsrechten und Preisen in der Energiewirtschaft wir uns mit der sogenannten »Energiewende« dem Chaos des Sozialismus annähern. Die Art der Energieerzeugung wird nicht mehr über Marktpreise und damit die Wertschätzungen der Menschen bestimmt, sondern mittels politischer Eingriffe, die die Preise verzerren und Eigentumsrechte einschränken.

4 Vgl. Mises' Werk *Planned Chaos* (1947, New York: Foundation for Economic Education).

5 Ludwig von Mises, *Die Bürokratie. (*2004, St. Augustin: Akademia Verlag).

6 Dabei muss er nicht unbedingt um einen monetären Gewinn bemüht sein. Er kann auch andere Nebenziele philanthropischer, ideologischer oder künstlerischer Art verfolgen. So kann er seinen unfähigen Neffen einstellen, auch wenn dadurch sein monetärer Gewinn

geschmälert wird. Der Unternehmer tut dies jedoch bewusst. Er kann sogar abschätzen, wie viel monetären Gewinn ihn dieses Verhalten kostet.

7 Selbstverständlich kann der Staat auch den Bürokraten anweisen, Unternehmer zu »spielen.« Er sagt beispielsweise dem Schulleiter, er solle Gewinne machen, die der Leiter dann einstreichen darf. Der Schulleiter darf Schulgebühren erheben, Werbung machen, in Schulinfrastruktur investieren, Kosten senken etc. Es bleibt jedoch ein Spiel. Denn der Hauptunterschied zum Unternehmer bleibt bestehen. Der Schulleiter riskiert nicht sein eigenes Kapital. Er kann es nicht verlieren, weil es nicht sein Kapital ist. Verlust ist also ausgeschlossen. Der Gewinn ist ebenso unsicher. Denn der Staat kann jederzeit die Gewinne einziehen, die Handlungsregulierungen ändern oder den Leiter absetzen. Der Leiter hat daher grundlegend andere Handlungsvoraussetzungen als ein Unternehmer in einer Marktwirtschaft. Darf er Gewinne erzielen, ohne sein Kapital zu riskieren, wird er wahrscheinlich risikoreich bzw. verantwortungslos agieren, so wie wir es heute in der Finanzwirtschaft erleben. Die Banker in großen Kreditinstituten gleichen in der Tat eher Bürokraten denn Unternehmern. Ihr Verhalten wird streng durch den Staat reguliert. Vor allem mit dem Finanzsystem eng verzahnte große Banken können auf eine Staats- oder Zentralbankrettung hoffen. Sie riskieren in dem Maße, in dem sie auf eine Rettung bauen können, nicht ihr eigenes Kapital, sondern das der Steuerzahler und Geldnutzer. Entsprechend agieren sie.

8 Vgl. beispielsweise Ludwig von Mises' Essay »Profit and Loss« in *Planning for Freedom* (2008, Auburn, AL: Ludwig von Mises Institut).

9 Dies ist nicht in jedem Falle so. Erstens können die Folgen durchaus beabsichtigt sein, vor allem wenn ein Etatist bewusst eine Interventionsspirale in Gang setzen möchte. Dieses Ziel ist beispielsweise bei der Dynamik der heutigen Euroschuldenkrise nicht völlig auszuschließen. Schließlich wollen viele Eurokraten eine politische Union, zu der sie sich von Eingriff über Eingriff hangeln. Zweitens kann der ursprüngliche Eingriff nicht stark genug sein, um schwerwiegende negative Folgen zu zeitigen, wenn z. B. ein Minimallohn unter dem Marktniveau festgelegt wird. Drittens kann die nicht beabsichtigte Nebenfolge des Eingriffs als notwendiges Übel akzeptiert werden. Man denke etwa an den relativen Rückgang der Kapitalakkumulation durch Umverteilungsmaßnahmen. Viertens können gleichzeitig gegenläufig auftretende Ereignisse die unbeabsichtigten Wirkungen kompensieren. Starkes Wirtschaftswachstum durch technologischen Fortschritt kann einer absoluten Verarmung durch den durch Umverteilungsmaßnahmen ausgelösten Kapitalkonsum entgegenwirken.

10 Der Staat könnte auch alternativ in die Produktion des Gutes einsteigen und sie fiskalisch finanzieren. Diese Steuererhöhung hemmt generell die Produktion, die Leistungsbereitschaft und die Kapitalakkumulation. Diese Folgeprobleme könnten jedoch von den Befürwortern des ursprünglichen Eingriffes als nicht zu schwerwiegend und akzeptabel angesehen werden, sodass an dieser Stelle die Interventionsspirale abbricht.

11 Dieses Beispiel erschien in ähnlicher Form im Hauptstadtbrief Nr. 113, Februar 2013, S. 12–14.

12 Die staatliche, umlagefinanzierte Rente ist freilich auch unsicher, da sie von politischen Fragen und realen Umverteilungsmöglichkeiten abhängt, die von den genannten Interventionen negativ beeinflusst werden.

13 Vgl. Mises, *Kritik des Interventionismus,* S. 11.

Teil IV

Mises’ wissenschaftliche Methode –

von Thorsten Polleit

»Wenn auf einem Wissensgebiete aus irgend welchen Gründen die richtige Empfindung für die aus der Natur der Sache sich ergebenden Ziele der Forschung verloren gegangen ist, wenn nebensächlichen Aufgaben der Wissenschaft eine übertriebene oder gar die entscheidende Bedeutung beigelegt wird, wenn von mächtigen Schulen getragene irrthümliche methodische Grundsätze zur vorherrschenden Geltung gelangen und die Einseitigkeit über alle Bestrebungen auf dem Wissensgebiete zu Gerichte sitzt, wenn, mit einem Worte, der Fortschritt der Wissenschaft in der Herrschaft irrthümlicher methodischer Grundsätze sein Hemmnis findet: dann allerdings ist die Klarstellung der methodischen Probleme die Bedingung jedes weiteren Fortschrittes und damit der Zeitpunkt gekommen, wo selbst jene in den Streit über die Methoden einzutreten verpflichtet sind, welche ihre Kraft sonst lieber an die Lösung der eigentlichen Aufgaben ihrer Wissenschaft zu setzen geneigt sind.«

Carl Menger (1883), Untersuchungen über die Methode der Sozialwissenschaften und der Politischen Ökonomie insbesondere, S. XII–XIII.

1. Bedeutung der Theorie

Im täglichen Sprachgebrauch wird zwischen den Begriffen Theorie und Praxis nicht selten ein Widerspruch angenommen. Was in der Theorie gelte, sei für die Lösung praktischer Aufgaben wenig oder gar nicht geeignet, so ist zu hören. Die grundsätzliche Auseinandersetzung mit dem Verhältnis von Theorie und Praxis ist eine Fragestellung, der sich zum Beispiel schon der preußische Philosoph Immanuel Kant (1724–1804) angenommen hatte. Im Jahr 1793 veröffentlichte er die Schrift *Über den Gemeinspruch: Das mag in der Theorie richtig sein, taugt aber nicht für die Praxis*, in der er den vermeintlichen Widerspruch zwischen Theorie und Praxis ausräumte. Theorie ist keine »Anti-Praxis«, so Kant:

»Es kann also Niemand sich für praktisch bewandert in einer Wissenschaft ausgeben und doch die Theorie verachten, ohne sich bloß zu geben, daß er in seinem Fache ein Ignorant sei: indem er glaubt, durch Herumtappen in Versuchen und Erfahrungen, ohne sich gewisse Prinzipien (die eigentlich das ausmachen, was man Theorie nennt) zu sammeln und ohne sich ein Ganzes (welches, wenn dabei methodisch verfahren wird, System heißt) über sein Geschäft gedacht zu haben, weiter kommen zu können, als ihn die Theorie zu bringen vermag.«[1]

Für Ludwig von Mises (1881–1973) war das Erkennen der Beziehung zwischen Theorie und Praxis von zentraler Bedeutung: Er hob hervor, dass Theorien entscheidend sind, wenn Menschen die Realität erfassen wollen. Eine Wahrnehmung ist stets theoriegeleitet, ein theorieloses Erfassen der Realität ist unmöglich. Er schrieb:

»Handeln ohne Denken, Praxis ohne Theorie sind unvorstellbar. Das Denken mag fehlerhaft, die Theorie mag falsch sein, doch Denken und Theorie können nie fehlen.«[2] Und:

»Wir können gar nicht naiv, voraussetzungslos und frei von aller Theorie an die geschichtliche Welt herantreten, um zu erforschen, wie es eigentlich gewesen ist. In jedem schlichten Bericht der Vorgänge steckt notwendigerweise schon Theorie.«[3]

Mit diesem Zitat wird eine zentrale (wirtschafts)wissenschaftliche Frage angesprochen: Was ist die richtige Theorie, wie lässt sie sich erkennen?

Mises beschäftigte sich vor allem in der Zeit von 1928 bis 1931 intensiv mit der Fragestellung, von welcher Art die Wirtschaftstheorie ist: Ist sie eine Erfahrungswissenschaft oder ist sie »reine Theorie«, sind ihre Erkenntnisse also unabhängig von der Erfahrung? Die Antwort auf diese erkenntnistheoretische (epistemologische) Frage berührt die Wahl der Methodologie – also die Lehre über die methodische Vorgehensweise in der Wissenschaft – im Bereich der Volkswirtschaftslehre unmittelbar.[4] Mises gelang hier eine ganz beeindruckende Leistung: Er zeigte, dass die Wirtschaftswissenschaft keine Erfahrungswissenschaft, sondern das sie reine Theorie ist. Mises (re)konstruierte die Volkswirtschaftslehre auf der Basis der »Logik des menschlichen Handelns«, eine Vorgehensweise, die er als *Praxeologie* bezeichnete.

Praxeologie bezeichnet dabei die umfassende Lehre vom menschlichen Handeln, und die Nationalökonomie ist ihr am besten entwickelter Teilbereich. Mises' Meisterwerk *Nationalökonomie. Theorie des Handelns und Wirtschaftens* (1940), das 1949 in überarbeiteter Form als *Human Action. A Treatise on Economics* in den Vereinigten Staaten von Amerika erschien, ist eine umfassende, systematisch abgeschlossene Abhandlung der theoretischen Wirtschaftswissenschaften auf praxeologischer Grundlage. Mises argumentierte, dass die Wirtschaftswissenschaft keine Erfahrungswissenschaft ist, sondern dass ihre Aussagen a priori und damit von der Erfahrung unabhängig sind; dies wird nachfolgend noch näher erläutert. Alle grundlegenden ökonomischen Theoreme können aus einem einzigen Axiom, dem Axiom des menschlichen Handelns, logisch abgeleitet werden. Ein Axiom bezeichnet üblicherweise eine allgemein akzeptierte Aussage, die als gegeben angesehen und nicht weiter hinterfragt wird. Mises' Axiom des menschlichen Handelns ist allerdings von besonderer Art: Es lässt sich nicht widerlegen, es ist unzweifelhaft oder: *apodiktisch* wahr. Denn man kann die Aussage nicht widerlegen, dass der Mensch handelt. Wer so argumentiert, handelt – und widerspricht damit seiner Aussage, der Mensch könne nicht handeln. Wenn das Axiom des menschlichen Handelns eine wahre, nicht widerlegbare, nicht hypothetische Aussage ist, so lassen sich von ihm auf axiomatisch logisch-deduktivem Wege (unter Zuhilfenahme empirischer Annahmen) Aussagen ableiten, die wiederum unbestreitbar wahr sind: Aussagen, die immer und überall, unabhängig von Ort und Zeit, Allgemeingültigkeit besitzen.

Die Logik spielt dabei eine ganz wichtige Rolle. Die Logik ist die Lehre von den Formen und Methoden des richtigen Denkens.[5] Sie zeigt, was zwingende Folgerungen sind, sie beschäftigt sich mit denknotwendigen Schlüssen. Die Logik kann nicht aufzeigen, was man denken muss, sondern nur wie man denken muss, um zu richtigen Ergebnissen zu gelangen. Umgangssprachlich wird eine Aussage (oder ein Satz oder Argument) häufig als »logisch« bezeichnet, wenn sie überzeugend, unmittelbar einleuchtend und offensichtlich richtig klingt. Logik ist jedoch keine »Intuition«, sie steht für die Gesetzmäßigkeiten des Denkens. An dieser Stelle seien vier genannt, die schon dem griechischen Philosophen Aristoteles bekannt waren. (1) *Satz der Identität.* Es besagt, dass wenn etwas *A* ist, es *A* ist. (2) *Satz vom Widerspruch*: Es ist unmöglich, eine Aussage zu bejahen und zugleich zu verneinen (»Es regnet und es regnet nicht«). (3) *Satz vom ausgeschlossenen Dritten*: Eine Aussage muss entweder wahr oder falsch sein, eine dritte Möglichkeit gibt es nicht. (4) *Satz vom unzureichenden Grunde*: Jede wahre Aussage wird durch eine andere Aussage begründet, deren Wahrheit bewiesen ist. Ein Verstoß dagegen führt zum Zirkelschluss.

Eine formal-richtige logische Schlussfolgerung lautet zum Beispiel: *Herr A ist groß, und alle großen Herren tragen einen Hut, folglich trägt Herr A einen Hut.* Ist aber diese Schlussfolgerung (*Herr A trägt einen Hut*) auch wahr in dem Sinne, dass sie die Realität richtig abbildet? Die Antwort hängt davon ab, ob die Aussagen *Herr A ist groß* und *alle großen Herren tragen einen Hut* wahr sind, also die Realität richtig wiedergeben. Ist einer dieser Sätze falsch (weil zum Beispiel *nicht alle großen Herren einen Hut tragen*), so ergibt selbst eine formal-richtige logische Schlussfolgerung eine falsche Aussage über die Realität. Die entscheidende Frage ist damit: Wie kann man sicher sein, dass die Aussagen, die der formalen Logik zugrunde liegen, richtig sind? Diese Frage führt unmittelbar zu einer Schlüsselfrage: Woher stammt die wahre Erkenntnis? Wird sie aus der Erfahrung (den Sinneseindrücken) gewonnen? Oder lässt sich wahre Erkenntnis über die Realität unabhängig von der Erfahrung, gewissermaßen logisch oder a priori gewinnen? Der Beantwortung dieser Fragen soll nun nachgegangen werden.

2. Die Methode der Mainstream-Ökonomik

Um die Bedeutung, die Mises' methodischer Rekonstruktion der Wirtschaftswissenschaften als axiomatische logisch-deduktive Wissenschaft zukommt, besser verstehen zu können, scheint es zunächst ratsam zu sein, sich die Methodologie, die heute (im Grunde wie damals zu Mises' Zeiten auch) in der Wirtschaftswissenschaft vorherrschend ist, vor Augen zu führen und kritisch zu beleuchten. Sie lässt sich als *Positivismus-Empirismus-Falsifikationismus* bezeichnen.

Der *Positivismus* vertritt die Auffassung, dass die Quelle der menschlichen Wissenschaftserkenntnis die Erfahrung ist. Er lehnt alles als unwissenschaftlich ab, was nicht beobachtbar und (natur-)wissenschaftlichen Experimenten zugänglich ist (gemäß dem Motto »Fakten statt Spekulation«). Der klassische Positivismus entstammt den Arbeiten von Auguste Comte (1798–1857). Zu Beginn der 30er-Jahre des vergangenen Jahrhunderts entwickelte sich der klassische Positivismus zum Neopositivismus (oder auch Logischen Positivismus), und die heute vorherrschende Form des (modernen) Positivismus hat vor allem durch das Werk des Philosophen Karl. R. Popper (1902–1994) eine entscheidende Prägung erhalten.

Der *Empirismus* behauptet, dass alles Wissen über die Realität aus Sinneseindrücken stammt (Beobachtung, Messung etc.), dass alles Wissen nur hypothetisch ist und dass der Wahrheitsgehalt von Theorien durch Beobachtungen überprüft werden muss. Um Erkenntnisse zu gewinnen, sind Hypothesen aufzustellen (»Wenn-dann«-Sätze), die dann anhand von Erfahrungswerten überprüft werden. Eine Hypothese kann zum Beispiel lauten: Wenn die Geldmenge ansteigt, dann führt das zu Preissteigerungen. Oder: Wenn die Staatsverschuldung ausgeweitet wird, dann steigt das Wirtschaftswachstum.

Der *Falsifikationismus* geht auf die Arbeiten von Popper zurück. Popper war wie die Empiristen ebenfalls der Meinung, dass erfahrungswissenschaftliche Aussagen der Überprüfung durch Erfahrungswerte bedürfen. Er lehnte jedoch das Verifikationsprinzip der Empiristen ab: also den Anspruch, dass bei einer Bestätigung der Hypothese ihr Wahrheitsgehalt festgestellt werden kann. Popper argumentierte im Rahmen seines »kritischen Rationalismus«, dass es bestenfalls möglich sei, eine Hypothese nicht zu verwerfen (nicht zu falsifizieren), dass es aber nicht möglich sei, sie ein für alle Mal als wahr zu bestätigen (zu verifizieren). Denn man könne nicht sicher sein, dass eine Hypothese, die heute bestätigt wird, nicht doch künftig, wenn neue Beobachtungen gemacht werden, abgelehnt werden muss. Weil absolute Wahrheit nicht gewonnen werden kann, soll Poppers Falsifikationismus dazu dienen, im Zuge von »Versuch und Irrtum« schlechte Theorien durch gute Theorien zu ersetzen. Auf diese Weise soll Wissensfortschritt ermöglicht werden und der Wahrheit möglichst nahe gekommen werden – wenngleich auch absolute Wahrheit letztlich nicht erreichbar sei, so der Falsifikationismus.[6]

Bei genauer Betrachtung offenbart der Positivisimus-Empirismus-Falsifikationismus jedoch eine Reihe von schwerwiegenden Defiziten.[7] Um das zu zeigen, rufe man sich nur einmal die Kernaussage des Empirismus in Erinnerung: Alles Wissen stammt aus der Erfahrung und ist nur hypothetisch wahr, und dies, so behauptet der Empirismus, gelte mit absoluter Gewissheit. Die Aussage, dass alles Wissen aus der Erfahrung rührt, ist problematisch: Sie kann durch Beobachtung nicht begründet werden. Denn schließlich ist ja, folgt man dem Empirismus, alles Wissen lediglich hypothetisch, niemals aber endgültig wahr. Mit anderen Worten: Der Empirismus behauptet etwas, was er aus sich heraus gar nicht begründen kann, vielmehr verwickelt er sich dabei in einen unauflösbaren Widerspruch. Auch widerspricht die Aussage des

Empirismus, dass es kein absolut wahres Wissen gibt (diese Aussage stellt er als nicht hypothetisch wahr hin!), seiner Grundaussage, dass nämlich alles Wissen nur hypothetisch ist.

Eine weitere logische Inkonsistenz des Empirismus ist seine Unterstellung, ökonomische Phänomene seien – wie dies in den Naturwissenschaften üblicherweise der Fall ist – beobachtbar und messbar. Auch diese Annahme steht im Widerspruch zur Kernaussage des Empirismus: Schließlich sei ja alles Wissen nur hypothetisch wahr, und damit kann man nicht mit Gewissheit (also nicht hypothetisch) behaupten, dass ökonomische Phänomene beobachtbar und messbar sind. Zudem setzt Beobachten und Messen voraus, dass der Beobachtende und Messende bereits weiß, was Beobachten und Messen bedeuten. Eine solche Erkenntnis erfordert jedoch ein Wissen, das der empirischen Erkenntnis vorangeht, Wissen, das aus dem Empirismus selbst heraus nicht erklärt werden kann.

In der herrschenden Lehrmeinung wird Poppers Falsifikationismus vor allem aus drei Gründen als eine (Fort-)Entwicklung des klassischen Empirismus gedeutet.[8] Erstens: Der Falsifikationismus scheint »vorsichtig« mit dem Wahrheitsbegriff umzugehen, eine Konsequenz, die sich aus der Einsicht speist, dass der menschliche Geist nicht unfehlbar ist und daher nicht davon ausgehen kann, jemals sichere Erkenntnis erlangen zu können. Zweitens: Popper befreit den Empirismus vom logisch nicht haltbaren »Induktionsschluss«: Man kann eine Hypothese durch Einzelbeobachten in der Tat nicht endgültig (logisch) bestätigen: Aus einzelnen beobachtbaren Begebenheiten kann man keine Allgemeingültigkeit ableiten. Während die Verifikation einer Theorie durch Beobachtung zwar nicht möglich ist, so besteht jedoch die Möglichkeit, ihre Falschheit logisch unzweifelhaft zu begründen.[9] Und drittens: Der Falsifikationismus sorgt, so die allgemeine Auffassung, für einen fortschreitenden Prozess von »Versuch-und-Irrtum«, der immer näher an die Wahrheit heranführt. »Späteres« (oder »neueres«) Wissen erscheint dabei zwangsläufig immer »besseres« Wissen zu sein, weil mit der Zeit immer mehr Irrtümer ausgemerzt werden.

Bei genauem Überdenken zeigt sich jedoch, dass der Falsifikationismus – wie der Empirismus auch – eklatante Schwachstellen aufweist. So verstrickt sich der Falsifikationismus ebenfalls in einem logischen Widerspruch. Denn er behauptet mit dem Anspruch auf absolute Wahrheit, dass eine Hypothese nicht verifizierbar ist, sondern dass sie bestenfalls nicht verworfen werden kann (also nicht falsifizierbar ist). Diese Behauptung aber lässt sich aus dem Falsifikationismus heraus selbst nicht begründen. Denn wie kann diese Behauptung absoluten Gültigkeitsanspruch beanspruchen, wenn eine Aussage sich doch bestenfalls (bis auf Weiteres) nicht widerlegen lässt? Hinzu kommt das Problem, dass Beobachtungen, die zur Überprüfung von Hypothesen verwendet werden, theorieabhängig sind. Es gibt keine »reine Erfahrung«, sondern Erfahrung wird stets auf der Grundlage einer Theorie gemacht. Wenn es nun aber, wie die Falsifikationisten behaupten, kein sicheres Wissen gibt, ob eine Theorie richtig oder falsch ist, so kann es auch kein sicheres Wissen über die Richtigkeit von Beobachtungen geben. Die richtigen Theorien können sich schließlich im Zeitablauf ändern, und wenn das der Fall ist, werden sich auch die Beobachtungen ändern, denn sie hängen ja von der (jeweils als richtig erachteten) Theorie ab. Mit anderen Worten: Man kann nicht sicher sein, ob die Beobachtungen, die zur Überprüfung von Theorien Verwendung finden, die richtigen sind. Der Falsifikationismus kann also die Schwachpunkte, die er vorgibt zu lösen, nicht lösen.[10]

Neben diesen logischen Inkonsistenzen des Positivismus-Empirismus-Falsifikationismus haben die Vertreter der Österreichischen Schule weitere methodische Kritiken formuliert. So halten sie die Mathematisierung der Nationalökonomie, die mit dem Positivismus-Empirismus-Falsifikationismus einhergeht, für verfehlt. Das Denken in mathematischen Gleichungen und Gleichgewichtsmodellen – ein Verfahren, das heute allein als wissenschaftlich und richtig angesehen wird – führt lediglich zu einer Umschreibung des Zustandes, der gar nicht erreichbar ist, der gar nicht gedacht werden kann: des Gleichgewichtszustandes. Gleichgewicht bedeutet einen Ruhezustand, bei dem das Handeln nicht mehr möglich ist, etwas, das nicht denkbar ist. Zudem kann die mathematische Volkswirtschaftslehre nicht die Triebkräfte erklären, mit denen der handelnde Mensch seinen Zielen zustrebt (sie aber nie wirklich erreichen kann). Hierzu zählen etwa die Wertungen und Erwartungen der Unternehmer, die Gewinnchancen erkennen und nutzen. Anders als die erklärende Nationalökonomie praxeologischer Ausrichtung kann die mathematisch-mechanische Analyse die wichtigen, ja entscheidenden ökonomischen Erklärungsbeiträge gar nicht liefern.

Weiterhin argumentieren die Österreicher, dass die wissenschaftliche Methode, wie sie in den Naturwissenschaften verfolgt wird, auf die Wissenschaft des menschlichen Handelns nicht sinnvoll übertragbar ist. In den Naturwissenschaften ist es nämlich möglich, Experimente durchzuführen. So lässt sich zum Beispiel im Labor die (»Wenn-dann«-)Hypothese testen: »*Wie verändert sich das Volumen eines Körpers, wenn er erwärmt wird?*« Ein solches Experiment ist unter gleichen (Umfeld)Bedingungen beliebig oft durchführbar, die Testreihen des Versuchs sind (problemlos) reproduzierbar. Ein derartiges Experimentieren ist auf dem Gebiet des menschlichen Handelns hingegen nicht möglich. Die Beobachtungswerte, die hier zur Verfügung stehen, sind notwendigerweise Ausdruck eines menschlichen Handelns, das aus der Vergangenheit stammt. Nun sind aber geschichtliche Episoden menschlichen Handelns das Ergebnis eines komplexen Zusammenwirkens vieler (Einfluss-)Faktoren, von denen außerdem nicht immer alle bekannt sind. Es ist nicht möglich, die isolierte Wirkung einzelner Faktoren gesondert zu identifizieren und zu bestimmen, wie dies etwa in naturwissenschaftlichen Experimenten möglich ist. Geschichtliche Episoden des menschlichen Handelns sind keine reproduzierbaren, homogenen Ereignisse, wie dies bei naturwissenschaftlichen Experimenten der Fall ist. Sie sind stets einmalig und damit nicht vergleichbar.

Die Konsequenz aus diesen Einsichten lautet: Eine das menschliche Handeln betreffende Theorie kann durch Erfahrung weder bestätigt noch widerlegt werden. Mit Beobachtungen, die über das menschliche Handeln in der Vergangenheit berichten, lässt sich der Wahrheitsgehalt einer Theorie nicht beurteilen. Ob nun Beobachtungen im Einklang mit einer Theorie stehen oder aber ihr widersprechen, es lässt sich in beiden Fällen kein Rückschluss ziehen, ob eine Theorie, die das menschliche Handeln betrifft, richtig oder falsch ist. Schon Carl Menger (1840–1914) hatte treffend herausgestellt, dass Geschichte und Theorie zwei grundsätzlich verschiedene Wissenschaftsfelder sind:

> *»Die theoretischen und die historischen Wissenschaften von der Volkswirthschaft weisen […] in der That eine fundamentale Verschiedenheit auf und nur die völlige Verkennung der wahren Natur dieser Wissenschaften vermöchte dieselben miteinander zu verwechseln oder der Meinung Raum zu geben, dass dieselben sich gegenseitig zu ersetzen vermögen.«*[11]

Historische Erfahrungen, die anhand von Datenpunkten erfasst werden, können lediglich dazu verwendet werden, um eine Theorie zu illustrieren. Wie Menger war Mises ebenfalls bemüht, eine klare Trennung zwischen Theorie und Geschichte zu ziehen.[12] Geschichte ist, so Mises, die Aufbereitung und Darstellung der Erfahrungen vom menschlichen Handeln. Sie beschäftigt sich mit Geschehnissen, die in der Vergangenheit stattgefunden haben. Gegenstand der Geschichte ist das Besondere und Individuelle. Daraus lassen sich keine allgemeingültigen Erkenntnisse beziehungsweise Gesetzmäßigkeiten über das menschliche Handeln ableiten. Die Geschichte zeigt lediglich, wie etwas gewesen ist, zeigt aber nicht, dass die Dinge sich notwendigerweise entwickeln mussten, wie sie sich entwickelt haben. Mit anderen Worten: Erfahrung über menschliches Handeln kann nicht zu Erkenntnissen führen, die von strenger Allgemeingültigkeit sind. Dass die Wissenschaft des menschlichen Handelns vielmehr eine »reine Theorie«, dass sie sogenannte *a priori*-Erkenntnis ist, wie Mises es aufzeigte, soll nun verdeutlicht werden.

3. *A priori* und die Lehre vom menschlichen Handeln

In der Wissenschaft gibt es Aussagen (oder Sätze) verschiedenen Typs.[13] Eine der wichtigsten Unterscheidungen betrifft die Herkunft der Erkenntnis, nämlich (1) Erkenntnis aus der Erfahrung und

(2) von der Erfahrung unabhängige Erkenntnis, die allein mit den Mitteln der Vernunft (Logik) begründet werden kann. Immanuel Kant hatte die Wissenschaftserkenntnis durch eine doppelte disjunktive Einteilung erläutert: Erkenntnisse sind, so Kant, entweder *a priori* oder *a posteriori*, und sie sind dabei entweder *analytisch* oder *synthetisch*. Von a priori spricht man, wenn Erkenntnis unabhängig von und logisch vor der Erfahrung ist; von a posteriori, wenn die Erkenntnis aus der Erfahrung stammt. Es sei hier angemerkt, dass für a priori-Erkenntnis nicht der zeitliche Vorlauf der Erkenntnis vor der Erfahrung ausschlaggebend ist. Sie zeichnet sich vielmehr dadurch aus, dass sie streng denknotwendig ist, also nicht anders sein kann, als sie ist, und dass ihr deshalb uneingeschränkte Allgemeinheit zukommt. Mit anderen Worten: Erkenntnis a priori ist Erkenntnis, die sich nicht durch Vernunft widerlegen lässt. Beispiele für Erkenntnisse a priori sind die Logik und die (reine) Mathematik.

Analytische (oder auch: »zergliedernde«) Aussagen – Kant selbst sprach hier von »Urteilen« – sind solche, deren Prädikat gewissermaßen versteckt im Begriff des Subjekts enthalten ist. Ein Beispiel für eine analytische Aussage ist: »Alle Körper sind ausgedehnt«. Die Erkenntnis, dass Körper (Subjekt) ausgedehnt (Prädikat) sind, ist im Begriff Körper bereits mitgedacht: Das, was Körper ausmacht, ist, dass sie ausgedehnt sind. Analytische Aussagen sind nicht wahr aufgrund von Definitionen. Über ihren Wahrheitsgehalt entscheiden allein Subjekt, Prädikat und der Satz des Widerspruchs. – Synthetisch (oder: »verbindend«) sind Urteile, bei denen keine logische Verbindung zwischen Subjekt und Prädikat besteht. Ein Beispiel ist: »Die Münze ist aus Gold.« Dieser Satz führt dem Begriff »Münze« etwas hinzu, was in ihm nicht enthalten ist; man muss erst erfahren haben, dass die Münze aus Gold ist, damit man das Urteil abgeben kann. Synthetische Urteile erweitern die Erkenntnisse über das Subjekt. Anders ausgedrückt: Synthetische Urteile sind alle nicht analytischen Urteile, also alle Aussagen, deren Wahrheit nicht mit Hilfe der Logik festgestellt werden kann. Die Unterscheidungen »a priori – a posteriori« und »analytisch – synthetisch« ergeben vier Kombinationsmöglichkeiten, die nachstehend abgebildet sind.

	Analytisch	Synthetisch
A priori	1	3
A posteriori	2	4

Unterscheidungen »a priori – a posteriori« und »analytisch – synthetisch«

Analytische Urteile sind von ihrem Begriff her a priori, sodass Möglichkeit 1 unproblematisch ist. Dadurch entfällt Möglichkeit 2: Weil analytische Urteile von ihrem Begriff her a priori sind, kann es analytische Urteile a posteriori nicht geben. Möglichkeit 4 ist der »Normalfall«: Synthetische Urteile sind a posteriori, also aus der Erfahrung stammend. Möglichkeit 3 verdient ganz besondere Aufmerksamkeit: Denn synthetische Urteile a priori sind begrifflich möglich. Sie stehen für Erkenntniserweiterung unabhängig von aller Erfahrung. Sie führen zur Kernfrage in Kants *Kritik der reinen Vernunft* (1781): Wie sind synthetische Urteile a priori möglich? Diese Frage ist von größter Bedeutung, denn die Antwort darauf entscheidet, ob der Mensch von sich aus etwas Neues zu (er)denken vermag, für das es keine empirische Grundlage gibt.[14] Gibt es synthetische Urteile a priori, so kann der menschliche Geist über das faktische Gegebene hinausgelangen. Kant nennt auch die Bedingungen, die Aussagen erfüllen müssen, damit sie sich als synthetisch a priori qualifizieren. Zum einen darf eine Aussage nicht durch empirische Erfahrung, sondern sie muss durch geistige, innere Reflexion gewonnen sein. Zum anderen darf es nicht möglich sein, die Aussage zu verneinen, ohne dass dadurch ein logischer Widerspruch resultiert.

Vor allem in den Jahren 1928 bis 1931 beschäftigt sich Mises eingehend mit den methodologischen Grundlagen der Wirtschaftswissenschaft – also im Kern mit der Frage: Von welcher Art sind wirtschaftstheoretische Aussagen? Sind sie aus der Erfahrung gewonnene Erkenntnis, oder sind sie a priori? Im Jahr 1933 veröffentlicht er eine Aufsatzsammlung mit dem Titel *Grundprobleme der Nationalökonomie*. Darin formuliert Mises die Wirtschaftswissenschaft als a priori-Wissenschaft. Es war nicht nur eine mutige, sondern auch eine geradezu revolutionäre Schlussfolgerung. Schließlich galt damals – wie übrigens heute immer noch – die Wirtschaftswissenschaft aus der Sicht der meisten »Gelehrten« als Erfahrungswissenschaft. Mises' wissenschaftstheoretische Erkenntnisse ließen ihn eine (unversöhnliche) Gegenposition zum »Mainstream« einnehmen: Die Aussagen der Wirtschaftswissenschaft sind a priori – d. h., sie sind von der Erfahrung unabhängig –, und alle grundlegenden ökonomischen Theoreme können aus einem einzigen Axiom – dem »Axiom des menschlichen Handelns« – abgeleitet werden. Dieses Axiom lässt sich nicht widerlegen, es ist unzweifelhaft, oder: apodiktisch, wahr: Man kann nicht bestreiten, dass der Mensch handelt. Wer so argumentiert, handelt – und widerspricht damit seiner Aussage, dass der Mensch nicht handeln kann. Weil das Axiom des menschlichen Handelns eine wahre, nicht hypothetische Aussage ist, lassen sich von ihm auf logisch-deduktivem Wege (unter Berücksichtigung von Umfeldbedingungen) Aussagen ableiten, die wiederum wahr sind: Aussagen, die immer und überall, unabhängig von Ort und Zeit, Allgemeingültigkeit besitzen.

Von welcher Art ist nun das Axiom des menschlichen Handelns? Für Mises ist die apriorische Wissenschaft vom menschlichen Handeln eine reine Begriffswissenschaft, die gewissermaßen nichts anderes zutage fördert als analytische Urteile a priori.[15] Mises betonte jedoch ausdrücklich, dass analytische Urteile zwar »nur« tautologisch sind, dass sie aber sehr wohl die Erkenntnis erweitern. So ist zum Beispiel der Satz des Pythagoras (der besagt, dass in allen ebenen rechtwinkligen Dreiecken die Summe der Flächeninhalte der Kathetenquadrate gleich dem Flächeninhalt des Hypotenusenquadrates ist) im Begriff des rechtwinkligen Dreiecks bereits enthalten, mitgedacht. Man kann aber wohl nicht bestreiten, dass dem pythagoräischen Satz eine Erkenntnis innewohnt, selbst wenn man bereits weiß, was ein rechtwinkliges Dreieck ist. Ein weiteres Beispiel ist der Begriff des Geldes. In ihm ist alles mitgedacht, was von der Geldtheorie gelehrt wird. Die Quantitätstheorie etwa liefert keine Erkenntnisse, die nicht bereits im Begriff des Geldes mitgedacht sind.

Nach Hans-Hermann Hoppe ist Mises' Axiom des menschlichen Handelns mehr als nur ein analytisches Urteil a priori. Denn

Mises' Axiom erfüllt die Anforderungen eines a priori synthetischen Urteils, so Hoppe.[16] Kant selbst hatte zwei Anforderungen genannt, die eine Aussage erfüllen muss, damit sie a priori synthetisch ist. Zum einen kann ihr Wahrheitsgehalt nicht verneint werden, ohne dass ein unauflösbarer logischer Widerspruch resultiert. Zum anderen darf die Aussage nicht aus der Beobachtung (den Sinneseindrücken) stammen, sondern sie muss durch innere Reflexion gewonnen worden sein. Beide Anforderungen erfüllt das Axiom des menschlichen Handelns, so Hoppe. Man kann nicht verneinen, dass der Mensch handelt. Eine solche Verneinung wäre ein logischer Widerspruch, denn wer eine solche Aussage macht, handelt. Zudem kann man menschliches Handeln nicht per se beobachten, ohne zu wissen, was menschliches Handeln ist. Wüsste man nicht, was Handeln ist, so könnte man lediglich sich hin und her bewegende Körper ausmachen, ein Handeln ließe sich daraus nicht verstehen.

4. Kategorien des menschlichen Handelns

Aus dem Axiom des menschlichen Handelns lässt sich eine Reihe von *Kategorien* (Kant bezeichnet sie als Denkformen a priori) ableiten: Erkenntnisse, die im Axiom des menschlichen Handelns bereits mitgedacht sind. Was ist unter menschlichem Handeln genau zu verstehen? Handeln bedeutet, dass der Handelnde versucht, einen Zustand, der als weniger angenehm empfunden wird, durch einen Zustand zu ersetzen, den er als vergleichsweise angenehmer einstuft. Menschliches Handeln ist dabei denknotwendig an zwei Bedingungen geknüpft. Zum einen an *Unzufriedenheit.* Sie ist der Antrieb für das Handeln. Wären die Handelnden zufrieden mit dem Zustand, in dem sie sich befinden, würde es kein Handeln geben. Das aber ist, wie vorangehend erläutert, logisch nicht denkbar: Man kann nicht argumentieren, dass der Mensch nicht handelt. Zum anderen bedarf es nicht nur der Unzufriedenheit mit dem aktuellen Zustand, damit gehandelt wird, sondern der Handelnde muss auch über das Wissen verfügen, dass er mittels seines Handelns seinen Zustand verbessern kann. Jedes menschliche Handeln findet immer und überall unter diesen beiden

Bedingungen statt. Und nur Individuen handeln. Die »Gesellschaft« oder »Gruppen« haben keine eigenständige Existenz, die sich von den teilnehmenden Individuen scheiden ließe. Kollektive lassen sich »zerlegen« in individuelles Handeln. »Staat«, »Volk« oder »Gemeinschaft« sind daher nur Metaphern, sie haben für sich genommen keine Entsprechung in der Realität.

Menschliches Handeln ist immer und überall *zielbezogenes Handeln*. Indem er handelt, versucht der Mensch, Ziele (welcher Art sie auch immer sein mögen) zu erreichen. Die Praxeologie nimmt die Ziele der Handelnden als gegeben hin, sieht sie als »Datum« an (ob sie nun »gut« oder »schlecht« sind), sie fragt nicht nach ihrem Ursprung.

Um Ziele zu erreichen, müssen *Mittel* eingesetzt werden. Der Begriff Mittel bezeichnet das, was eingesetzt werden muss, um das Ziel zu erreichen. Mittel sind nicht per se in der Welt. Etwas wird zum Mittel, wenn menschliches Denken es als zweckmäßig ansieht, um Ziele zu erreichen.

Mittel sind knapp, und zwar denknotwendig, mit Blick auf die Zwecke, zu deren Erreichen sie eingesetzt werden können. Denn gäbe es die Mittel, die zur Zielerreichung eingesetzt werden müssen, im Überfluss, wären sie nicht knapp, und es gäbe mit Blick auf diese Mittel kein Handeln. Es ist damit also redundant, von der Knappheit der Mittel zu sprechen: *Knappheit* ist bereits in der Kategorie Mittel-und-Zweck mitgedacht.

Eine weitere Kategorie, die sich vom Axiom des menschlichen Handelns ableiten lässt, ist die *Unsicherheit*. Unsicherheit bedeutet, dass die Zukunft unbekannt ist, sowohl in Bezug auf die künftig möglichen Zustände als auch in Bezug auf die Wahrscheinlichkeit ihres Eintretens. Wollte man verneinen, dass Unsicherheit eine Kategorie des menschlichen Handelns ist, so würde man verneinen, dass der Mensch handelt. Gäbe es keine Unsicherheit, so würde der Mensch die Zukunft bereits heute kennen, und er könnte nicht handeln: Sein Handeln hätte keinerlei Einfluss auf die Zukunft. Doch wie vorangehend verdeutlicht wurde, ist eine Bedingung des menschlichen Handelns (die man nicht verneinen kann), dass durch das Handeln ein gegebener Zustand durch einen bevorzugten Zustand ersetzt wird.

Die Ursache-Wirkungs-Beziehung (*Kausalität*) ist ebenfalls eine Kategorie des menschlichen Handelns. Handeln setzt die Kategorie Kausalität voraus. Die Kategorie Mittel-zum-Zweck, die bereits als Kategorie des Handelns abgeleitet wurde, setzt Kausalität voraus. Gäbe es keinen Kausalitätszusammenhang (ob nun richtigerweise oder unrichtigerweise gedacht), so könnte der Mensch nicht handeln. Es wäre ihm nicht möglich, den Lauf der Dinge, der sich ohne sein Eingreifen einstellen würde, gezielt zu beeinflussen. Er könnte nicht handeln, und das ist, wie bereits erläutert, nicht denkbar. Menger hatte bereits die Kausalität als Gesetzmäßigkeit herausgestellt. Der erste Satz seiner *Grundsätze der Volkswirthschaftslehre* lautet:

> *»Alle Dinge stehen unter dem Gesetze von Ursache und Wirkung. Dieses grosse Princip hat keine Ausnahme und vergebens würden wir im Bereiche der Empirie nach einem Beispiele von seinem Gegentheile suchen.«*[17]

Auch die *Zeit* ist eine Kategorie des menschlichen Handelns.[18] Aus der Erfahrung weiß ein jeder, dass sich menschliches Handeln in der Zeit vollzieht. Ein jeder weiß aus Erfahrung, dass das Handeln Zeit erfordert: Es dauert, bis eine Handlung zur Zielerreichung führt. Die Erkenntnis, dass Zeit eine Kategorie des menschlichen Handelns ist, entstammt jedoch nicht der Erfahrung, sondern der Logik des menschlichen Handelns. Würde das menschliche Handeln sich nicht in zeitlicher Erstreckung vollziehen, würde das Handeln den gewünschten Zustand sofort und unmittelbar, ohne zeitlichen Verzug, zustande bringen. Dann aber wäre Handeln nicht mehr möglich – was wiederum nicht denkbar ist.

Das *Gesetz des abnehmenden Grenznutzens*, das zur allgemein anerkannten Grundlage der Wert- und Preistheorie geworden ist, wurde nahezu zeitlich und unabhängig voneinander von Léon Walras (1834–

1919), William Stanely Jevons (1835–1882) und Carl Menger vorgelegt. Während jedoch Walras und Jevons das Gesetz des abnehmenden Grenznutzens als psychologisches Sättigungsgesetz verstanden, erkannte Menger, dass das Gesetz der Logik entstammt. Mises zeigte dann in aller Klarheit, dass das Gesetz des abnehmenden Grenznutzens sich aus dem Axiom des menschlichen Handelns logisch-deduktiv ableiten lässt:

> »*Wir bleiben im Rahmen unserer Lehre vom Handeln, wenn wir sagen: Ist ein Gut dergestalt teilbar, dass von jedem Teil die gleiche Nutzwirkung auszugehen vermag, dann nennen wir die Verwendung, die das Handeln setzt, wenn es über n Einheiten verfügt, die es aber nicht mehr setzen würde, wenn es caeteris paribus nur über n–1 Einheiten verfügen würde, die mindest wichtige Verwendung oder die Grenzverwendung und den Nutzen, der von ihr ausgeht, den Grenznutzen. Um zu dieser Einsicht zu gelangen, bedürfen wir keiner physiologischen oder psychologischen Erwägungen. Sie folgt notwendig aus unseren Annahmen: dass überhaupt gehandelt (gewählt) wird und dass in dem einen Fall über n Einheiten, im zweiten Fall über n–1 Einheiten eines homogenen Vorrats zu verfügen ist. Lassen wir diese Voraussetzungen gelten, dann ist ein anderes Ergebnis undenkbar. Unser Satz ist formal und aprioristisch und von keiner Erfahrung abhängig.*«[19]

Die *Zeitpräferenz* folgt aus der Zeit als Kategorie des menschlichen Handelns. Zeitpräferenz bedeutet, dass ein gegenwärtig verfügbares Gut höher wertgeschätzt wird als das gleiche Gut, das erst in der Zukunft verfügbar ist. Da Mittel zur Zielerreichung knapp sind, muss der Mensch wirtschaften – allein schon deswegen, weil Handeln Zeit erfordert. Weil knappe Zeit bewirtschaftet werden muss, wird der Handelnde seine Ziele früher als später erreichen wollen: Das Erreichen der Ziele in der Gegenwart wird dem Erreichen der Ziele zu einem späteren Zeitpunkt vorgezogen.

Der (*Ur-*)*Zins* folgt aus der Zeitpräferenz und ist ebenfalls praxeologisch zu erklären.[20] Der Zins ist der Preisabschlag der erst künftig verfügbaren Güter gegenüber den gegenwärtig verfügbaren Gütern.

Je mehr der Handelnde auf seinen Gegenwartskonsum verzichtet (zugunsten von vermehrtem Sparen), desto höher ist der entgangene Grenznutzen des Konsums, und desto höher fällt der Wertabschlag des Zukunftsgutes relativ zum Gegenwartsgut aus. Mit anderen Worten: Die Sparfunktion ist positiv mit dem Zins verbunden. Mit gleichen Überlegungen lässt sich zeigen, dass eine steigende Nachfrage nach Ersparnissen mit einem absinkenden Zins verbunden sein muss (bei gegebenem Ersparnisangebot). Der gleichgewichtige (Ur-)Zins ergibt sich aus dem Angebot von und der Nachfrage nach Ersparnissen auf dem Markt, auf dem Gegenwartsgüter gegen Zukunftsgüter getauscht werden. Der Gleichgewichtszins spiegelt damit die gesellschaftliche Zeitpräferenzrate wider; er lässt sich aus der Logik des menschlichen Handelns nicht wegdenken.[21]

Hoppe zeigte zudem auf, dass das *Privateigentum* – verstanden als Eigentum am eigenen Körper (Selbsteigentum) und an den in rechtmäßigen, freiwilligen Transaktionen erworbenen Gütern – nicht, wie bis dato gesehen wurde, nur naturrechtlich begründet ist (wie bei John Locke (1632–1704)), sondern dass das Privateigentum ebenfalls eine Kategorie des menschlichen Handelns ist. Hoppe greift dazu das »a priori des Argumentierens« auf, das die deutschen Philosophen A. O. Apel und Jürgen Habermas formuliert haben. Argumentieren, so Hoppe, ist eine Form des menschlichen Handelns, und damit kann man nicht *nicht* argumentieren. Widerspricht man dieser Aussage, so argumentiert man – und widerspricht damit seiner Aussage. Wenn ein jeder jedoch argumentieren kann (und muss), so setzt dies das Eigentum voraus: Niemand kann argumentieren, der nicht über Eigentum am eigenen Körper und an den selbst erwirtschafteten Mittel verfügt, um seinen Körper zu erhalten.

5. Relevanz der Praxeologie

Mises' Praxeologie ist, wie vorangehend angemerkt, keine intellektuelle Spielerei. Sie ist wichtig und relevant, weil ihr Erkenntnisbestreben auf die Erfassung der Realität ausgerichtet ist. Es geht bei der Praxeologie nicht um abstrakte Modellkonstruktionen, mit denen versucht wird, die Wirklichkeit problembezogen abzubilden und zu analysieren. Vielmehr erlaubt sie, mit ökonomischen Gesetzmäßigkeiten und unter Einbeziehung von realitätsbezogenen Umfeldbedingungen, Erkenntnisse über das »wirkliche Leben« zu gewinnen. Um das zu illustrieren, werden im Folgenden beispielhaft sechs Theoriefelder kurz angesprochen – und zwar (1) Geldentstehung, (2) Geld und Inflation, (3) »rationale Ethik«, (4) der Staat, (5) Interventionismus und (6) »Boom-and-Bust« –, die aus praxeologischer Sicht zu Erkenntnissen führen, die sich nicht aus der »herrschenden« Lehre ableiten lassen und die sogar mit ihr in Konflikt stehen.

Zur Geldentstehung

Als Mises 1912 seine *Theorie des Geldes und der Umlaufsmittel* veröffentlichte, hatte er die Praxeologie zwar noch nicht formuliert. Gleichwohl sind aber in dieser Schrift die praxeologischen Erkenntnisse über das Geld bereits klar enthalten, wie insbesondere in Mises' Erklärung der Wertbestimmung des Geldes und der Geldentstehung zum Ausdruck kommt. Menger argumentierte in *Grundzüge der Volkswirthschaftslehre*, dass Geld spontan aus dem freien Marktprozess entstanden ist, und zwar als Sachgeld (in Form von zum Beispiel Edelmetallen), eines staatlichen Eingriffs hätte es dazu nicht bedurft. Menger schrieb:

> *»Das Geld ist keine staatliche Erfindung, nicht das Product eines legislativen Actes und die Sanction desselben Seitens der staatlichen Autorität ist demnach dem Begriffe des Geldes überhaupt fremd. Auch die Existenz bestimmter Waaren als Geld hat sich naturgemäss aus den ökonomischen Verhältnissen herausgebildet, ohne dass die staatliche Einflussnahme hiebei erforderlich gewesen wäre.«*[22]

Mises stützte Mengers Theorie der Geldentstehung mit seinem »Regressionstheorem«. Zunächst wollte er damit der Kritik begegnen, dass es nicht möglich sei, die Tauschwertbestimmung des Geldes in die Grenznutzenschule zu integrieren. Der damals kritisierte »österreichische Zirkelschluss« lautete wie folgt: Geld wird nachgefragt, weil es einen Tauschwert hat: Jeder weiß, dass er mit Geld tauschen kann. Wie aber wird der Tauschwert des Geldes bestimmt? Er wird bestimmt durch das Angebot von und die Nachfrage nach Geld. Diese Überlegung führt nun aber zu einem (vermeintlich nicht aufzulösenden) Zirkelschluss: Wenn der Tauschwert des Geldes erst durch Angebot von und Nachfrage nach Geld bestimmt wird, wie kann dann Geld überhaupt nachgefragt werden? Geld wird ja nur nachgefragt, weil es bereits einen Tauschwert hat.

Mises gelang es, den Zirkelschluss aufzulösen, indem er erkannte, dass hier die Zeit die entscheidende Rolle spielt. Geld wird heute nachgefragt, weil die Handelnden wissen, dass Geld gestern einen Tauschwert hatte. Und die gestrige Nachfrage nach Geld erklärt sich dadurch, dass die Handelnden wussten, dass Geld am vorgestrigen Tag einen Tauschwert hatte. Dieses »Rückwärtsdenken« kann jedoch nicht unendlich fortgesetzt werden, sondern es endet an dem Zeitpunkt, an dem ein Gut erstmalig nicht wegen seiner nicht monetären Eigenschaften getauscht wurde, sondern erstmalig als Tauschmittel Verwendung fand.

Geld muss folglich, so erklärt Mises' praxeologisches Regressionstheorem, spontan aus Markttransaktionen entstanden sein; und es muss dabei aus einem Sachgut stammen, das zunächst nur aufgrund seiner nicht monetären Verwendung wertgeschätzt wurde. Andernfalls ließe sich der Tauschwert des Geldes gar nicht bestimmen. Diese Erkenntnis ist höchst bedeutsam: Geld kann nicht durch ein staatliches Dekret, also gewissermaßen »von oben«, entstanden sein. In Mises' Worten: »Die Auffassung des Geldes als eines Geschöpfes der Rechtsordnung und des Staates ist [...] unhaltbar. Keine Erscheinung des Marktes rechtfertigt sie.«[23] Diese Erkenntnis steht der heute weit verbreiteten Auffassung unvereinbar entgegen, der Staat müsse die Hoheit über das Geld innehaben, weil eine Geldwirtschaft ohne die umsorgende Staatshand nicht funktionieren könne. Nach der Praxeologie eine fehlerhafte Deutung, die sich aber dennoch durchsetzte, was wohl vor allem auch auf den deutschen Ökonom Karl Friedrich Knapp (1842–1926) zurückzuführen ist. In seinem Buch *Staatliche Theorie des Geldes* (1905) verbreitete er erfolgreich die Theorie, Geld sei eine Schöpfung des Staates.

Aus Sicht der Praxeologie ist das moderne, staatlich beherrschte Geldsystem, in dem die Zentralbanken das Monopol der Geldproduktion haben, nicht *natürlich*, es kann nicht im Zuge eines freien Marktprozesses entstanden sein. Die staatliche Hoheit über das Geld, vor allem einhergehend mit einer Entmaterialisierung des Geldes, muss vielmehr durch eine Aggression gegen das Privateigentum *erzwungen* worden sein. Und in der Tat: Das heutige Papier- oder Fiatgeldsystem konnte nur entstehen, weil zu einem Zeitpunkt die Einlösepflicht der Banken in das Gold suspendiert wurde. Dies geschah am 15. August 1971, dem Tag, an dem die amerikanische Regierung unter Präsident Richard Nixon (1913–1994) die Goldeinlösbarkeit des US-Dollar aufhob – und damit das weltweite Fiatgeldsystem auf den Weg brachte. Jörg Guido Hülsmann formulierte die praxeologische Erkenntnis, dass das Fiatgeld *unnatürlich* ist, unmissverständlich:

> *»Papiergeld ist niemals durch freiwillige Kooperation zustande gekommen. In allen bekannten Fällen wurde es durch Zwang und Nötigung eingeführt, manchmal unter Androhung der Todesstrafe.«*[24]

Geld und Inflation

Geld übt eine und nur eine Funktion aus: die Tauschmittelfunktion, so Mises. Die beiden anderen wichtigen Funktionen – die Recheneinheits- und Wertaufbewahrungsfunktion – sind lediglich Unterfunktionen der Tauschmittelfunktion. Die Recheneinheitsfunktion ist nichts anderes als der direkte Ausdruck der Tauschmittelfunktion, die Wertaufbewahrungsfunktion steht lediglich für eine zeitliche Verlagerung (von der Gegenwart in die Zukunft) der Tauschmittelfunktion. Geld, so Mises weiter, ist ein Gut wie jedes andere Gut auch, mit der Besonderheit allerdings, dass es sich am besten gegen andere Güter tauschen lässt. Seine Wertbestimmung unterliegt, wie die aller Güter auch, dem Gesetz des abnehmenden Grenznutzens. Wenn nun die Geldmenge in der Volkswirtschaft erhöht wird, so muss das notwendigerweise zu einer Verringerung des Tauschwertes des Geldes führen (im Vergleich zu einer Situation, in der die Geldmenge unverändert geblieben wäre). Aus Sicht des Handelnden nimmt der Grenznutzen der zusätzlich erhaltenen Geldeinheit notwendigerweise ab. Für die Marktakteure steigt dann der Grenznutzen anderer Güter gegenüber dem Geld. Das lässt die Nachfrage nach diesen Gütern steigen, und im Gegenzug bedeutet das, dass das Angebot von Geld steigt. Die vermehrte Geldmenge führt folglich zu steigenden Preisen beziehungsweise zu Preisen, die höher sind als in dem Falle, dass die Geldmenge unverändert geblieben wäre. Eine Veränderung der Geldmenge muss zu einer Veränderung der Kaufkraft des Geldes führen: Bei steigender Geldmenge steigen die Preise (nimmt die Kaufkraft des Geldes also ab), bei sinkender Geldmenge fallen die Preise (steigt also die Kaufkraft des Geldes).

Was heute als Inflation (steigende Preise) oder Deflation (sinkende Preise) bezeichnet wird, sind aus Mises' Sicht jedoch keine praxeologischen Begriffe. Die Begriffe Inflation und Deflation gehen nämlich (stillschweigend) davon aus, dass es »stabiles« Geld gibt, also Geld, das einen unveränderten Tauschwert aufweist. Das aber ist eine praxeologische Unmöglichkeit. Geld ist, wie bereits angeführt, ein Gut wie jedes andere Gut auch und unterliegt damit auch dem Gesetz des abnehmenden Grenznutzens. Weil sich die Wertschätzungen der Handelnden fortlaufend verändern, muss sich auch der (Tausch-)Wert des Geldes entsprechend verändern. Selbst wenn die Geldmenge unverändert bleibt, wird sich der Tauschwert des Geldes verändern; der Tauschwert des Geldes wird notwendigerweise absinken, wenn die Geldmenge erhöht wird.

Eine Erhöhung der Geldmenge ist dabei niemals neutral, wie es zum Beispiel die moderne Volkswirtschaftslehre unter dem Einfluss der monetaristischen Lehre vertritt. Sie wird stets eine Umverteilung von Einkommen und Vermögen nach sich ziehen. Das moderne Geldwesen, in dem das Monopol der Geldproduktion bei staatlichen Zentralbanken liegt und die Geldmenge (durch Bankkreditvergabe) fortwährend ausgeweitet wird, bewirkt notwendigerweise eine (Zwangs-) Umverteilung: Diejenigen, die die neu geschaffene Geldmenge zu einem frühen Zeitpunkt erhalten (Banken und Kreditnehmer, aber auch Bezieher von Einkommen, die kreditfinanzierte Staaten und Unternehmen bezahlen), sind die Begünstigten. Die Benachteiligten sind diejenigen, die das neu geschaffene Geld erst relativ spät erhalten oder aber nichts von der neu geschaffenen Geldmenge abbekommen. In einem staatlich beherrschten Geldproduktionsmonopol fällt die Umverteilungswirkung natürlich stärker aus als in einem Sachgeldsystem. Denn der Grund für die Errichtung eines Staatsgeldsystems ist ja, dass die Geldmenge (gemäß politischer Willkür) stärker ausgeweitet werden kann als in einem Sachgeldsystem.

»Rationale Ethik«

Aus der Praxeologie lässt sich eine »rationale«, also eine objektive, vernunftbegründete Ethik ableiten. Die Kernfrage der Ethik lautet: Was ist sittliches, gerechtes Handeln? Eine allgemein akzeptierte Antwort ist: Ethisch ist das Handeln dann, wenn es im Einklang mit Regeln steht, die für alle überall und gleichermaßen gelten. Diese Anforderung kommt etwa im Kant'schen *Kategorischen Imperativ* zum Ausdruck: »Handle nur nach derjenigen Maxime, durch die du zugleich wollen kannst, dass sie ein allgemeines Gesetz werde.« Zusätzlich zu dieser Allgemeingültigkeitsanforderung müssen ethische Regeln jedoch auch sicherstellen, dass ihr Befolgen die menschliche Existenz sichert. Wäre Letzteres nicht sichergestellt, gäbe es früher oder später keinen Bedarf mehr für die Ethik.

Mises vertrat die Auffassung, ethische Fragen ließen sich nicht mit Vernunftgründen klären, sondern sie lägen außerhalb der Praxeologie. Er vertrat eine Nützlichkeitsphilosophie (Utilitarismus). Sie hat jedoch einen entscheidenden Schwachpunkt: Ethische Urteile entspringen hier – stets subjektiv empfundenen – Kosten- und Nutzenabwägungen.[25] Aus utilitaristischer Sicht kann zum Beispiel eine Handlung als ethisch akzeptabel eingestuft werden, wenn sie das angestrebte Ziel mit »vertretbaren« Kosten erreicht. Doch was sind »vertretbare« Kosten? Aus Sicht des einen mag das Verbrennen von fossilen Brennstoffen als akzeptabel erscheinen, um die gesamtwirtschaftliche

Produktion zu erhöhen. Aus Sicht eines anderen mag das ganz und gar nicht vertretbar sein. Hinzu kommt, dass Menschen ihre subjektiven Einschätzungen über Kosten und Nutzen einer Handlung im Zeitablauf ändern. Was zum Beispiel heute als ethisches Handeln angesehen wird, kann morgen als unethisch eingestuft werden. Der Utilitarismus erlaubt folglich nicht, ethische Fragen abschließend beurteilen zu können; seine ethischen Beurteilungen sind von flüchtigem Wert.

Rothbard nahm eine andere Position ein. Im Bestreben, eine rationale Ethik zu formulieren, integrierte er in seinem Werk *The Ethics of Liberty* (1982) Ökonomik und Ethik durch das Konzept des Privateigentums. Damit gelang es ihm zu zeigen, dass menschliches Handeln, das im Einklang mit dem unbedingten Respekt des Privateigentums steht, ethisches Handeln ist; Rothbard bezog sich dabei auf naturrechtliche Überlegungen in der Tradition von John Locke. Handeln, das das Privateigentum respektiert, genügt nicht nur dem Universalitätsanspruch – gilt also für alle und jedermann, unabhängig von Zeit und Region gleichermaßen. Es stellt auch ein Handeln sicher, das die menschliche Existenz dauerhaft sichert.

Hoppe gelang es nachfolgend, Rothbards Konzept einer rationalen Ethik auf ein praxeologisches Fundament zu stellen.[26] Hoppes dreistufige Erklärung setzt beim »a priori des Argumentierens« an. Erstens: Ethische Fragestellungen folgen unmittelbar aus der Kategorie der Knappheit. Gäbe es keine Knappheit – würde also die Verwendung eines Gutes nicht das eigene künftige Güterangebot einschränken oder die gegenwärtige und künftige Güterausstattung anderer einschränken –, gäbe es keine interpersonellen Konflikte und folglich auch keinen Bedarf für eine Ethik. Zweitens: Zur Behandlung ethischer Fragen bedarf es des Argumentierens. Im Zuge des Argumentierens wird der Wahrheitsgehalt von Aussagen geklärt. Dieser Satz ist unzweifelhaft wahr: Man kann ihm nicht widersprechen, ohne damit seinen Wahrheitsgehalt zu bestätigen; man kann nun mal nicht argumentieren, dass man nicht argumentieren kann. Drittens: Argumentieren setzt Eigentum am eigenen Körper und den Gütern, die mit der eigenen Hände Arbeit erwirtschaftet werden, voraus. Auch dieser Satz lässt sich nicht widerlegen. Schon der Versuch, ihm zu widersprechen, erfordert den Einsatz des Körpers (um damit zu argumentieren). Und das Selbsteigentum am eigenen Körper, verbunden mit der notwendigen rechtmäßigen Aneignung von Gütern zum Erhalt des Körpers, ist – wie bereits vorangehend gezeigt – ein a priori. Eine solche praxeologisch begründete rationale Ethik hat weitreichende Konsequenzen, so zum Bespiel für die ethische Beurteilung des Staates.

Staat

Mises' Praxeologie öffnet den Weg zu einer theoretischen Neuinterpretation der Natur und des Wesens des Staates. Mises selbst sah eine Notwendigkeit für den Staat. Für ihn sollte der Staat Garant sein, die privaten Eigentumsrechte, die Eigentumsordnung des Gemeinwesens zu gewährleisten. Jede darüber hinausgehende Funktion des Staates lehnte Mises jedoch ab. Er plädierte so gesehen für einen minimalistischen (Nachtwächter-)Staat. Rothbard legte auf Basis der Praxeologie dann jedoch eine neue Theorie des Staates vor. Ausgangspunkt seiner Überlegungen war, dass es in einer freien Marktordnung drei und nur drei Wege gibt, um rechtmäßig Eigentum zu erwerben: »Inbesitznahme« von bisher nicht von anderen beanspruchten Gütern (»Homesteading«), »Produzieren« und »freiwilliger Tausch«. Jedes Handeln, das dem Prinzip der »Nichtaggression« zuwiderläuft – wie zum Beispiel Raub und erzwungenes Handeln –, kann den Nutzen aller Handelnden nicht fördern, sondern nur die einen besser stellen auf Kosten anderer.

Rothbard wählt eine positive (d. h. erklärende) Definition des Staates. Der Staat ist der territoriale Monopolist über alle Letztentscheidungen: Er richtet über alle Konflikte, die zwischen denjenigen auftreten, die er beherrscht, und die zwischen ihm und den von ihm Beherrschten auftreten. Diese Macht des Staates schließt die Macht zur Besteuerung ein. Er darf also etwas, was allen anderen verboten ist: Der Staat darf den von ihm Beherrschten Güter ohne Gegenleistung abnehmen. Rothbards Definition des Staates entspringt der praxeologischen Erkenntnis, dass der Staat nicht aus freiwilligen Entscheidungen der Handelnden entstanden sein kann. Die häufig bemühte Erklärung, der Staat sei durch einen »Sozialvertrag« zustande gekommen, kann nicht überzeugen. Denn dass jemand freiwillig sein Privateigentum (Eigentum am eigenen Körper und den Gütern, die mit eigenen Anstrengungen erwirtschaftet wurden) ein für alle Mal und damit unwiderruflich an einen (Staats-)Monopolisten abtritt, ist nicht nur unplausibel, für so etwas lässt sich auch kein Dokument finden. Ein solcher Erklärungsversuch widerspricht vor allem auch dem a priori des Privateigentums und ist damit praxeologisch undenkbar: Jemand, der sich ein für alle Mal einem (Staats-)Monopol unterwirft, wäre fortan nicht mehr Eigentümer seiner selbst und der Güter, die er mit seinen eigenen Anstrengungen erwirtschaften kann: Er wäre Sklave des (Staats-) Monopolisten (und seiner Willkür ausgeliefert).

Der Kern der praxeologischen Erkenntnis über Herkunft und Wesen des Staates hat damit gewissermaßen einen Berührungspunkt mit den Worten des Heiligen Augustinus: »Nimm das Recht weg – was ist dann ein Staat noch anderes als eine große Räuberbande«. Praxeologisch gesehen ist der Staat – verstanden als territorialer Monopolist über alle letztgültigen Entscheidungen in seinem Hoheitsgebiet – eine unethische Institution, eine Unrechtsinstitution, unvereinbar mit dem a priori des Privateigentums. Die logisch-konsistente Schlussfolgerung daraus hat Rothbard – in der Tradition von Lysander Spooner (1808–1887), Benjamin Tucker (1854–1939) und Gustave de Molinari (1819–1912) – gezogen: Er rationalisiert und empfiehlt die Privatrechtsgesellschaft als Alternative zum Staat(smonopolisten), in der alle Güter, einschließlich Recht und Sicherheit, auf freiwilliger Basis privatwirtschaftlich organisiert und produziert werden.[27]

Interventionismus

Im Jahr 1929 veröffentliche Mises die Aufsatzsammlung *Kritik des Interventionismus. Untersuchungen zur Wirtschaftspolitik und Wirtschaftsideologie der Gegenwart*. Interventionismus ist für Mises ein »Mischsystem«, »ein System des durch Eingriffe der Regierung und anderer gesellschaftlicher Zwangsmächte (z. B. der Gewerkschaften) beschränkten, geregelten und geleiteten Sondereigentums. Die Wirtschaftspolitik, die diesem Ideal zustrebt, nennen wir Interventionismus, das System selbst die Gebundene Wirtschaft.«[28] Für Mises ist der Interventionismus folglich ein System, in dem das Privateigentum zwar nominell besteht, der Staat aber in das Marktgeschehen eingreift, um »wünschenswerte(re)« Ergebnisse zu erzielen.

In *Kritik des Interventionismus* zeigt Mises, dass ein »dritter Weg« der gesellschaftlichen-wirtschaftlichen Organisation, der versucht, sich zwischen Sozialismus und Kapitalismus zu bewegen – heute würde man »soziale Marktwirtschaft« dazu sagen –, notwendigerweise scheitern muss. Denn, so Mises, das Bestreben, das »Gute« und »Wünschenswerte« von Kapitalismus und Sozialismus zu nutzen und gleichzeitig das »Schlechte« und »Unwünschenswerte« dieser Systeme auszuschalten – wie es der Interventionismus anstrebt –, ist unmöglich. Der Interventionismus ist keine dauerhafte Organisationsform gesellschaftlicher Kooperation. Eine Gesellschaft, die sich auf den Interventionismus einlässt, wird, wenn sie an ihm festhält, früher oder später in einem sozialistisch-totalitären System enden; oder sie lässt vom Interventionismus ab, dann aber muss sie sich dem Kapitalismus zuwenden – dem System des unbedingten Respekts des Privateigentums. Ein Mittelweg zwischen Sozialismus und Kapitalismus ist dauerhaft eben nicht möglich.

Mises' zentrale Einsicht ist, dass jeder Markteingriff des Staates kontraproduktiv ist. Der Interventionismus kann nämlich die Ziele nicht realisieren, die seine Befürworter vorgeben, mit ihm erreichen zu wollen. Er zwingt die Menschen, sich in einer Weise zu verhalten, wie sie sich aus wohlverstandenem Eigeninteresse nicht verhalten wollen. Folglich versuchen die Betroffenen, sich dem auf sie ausgeübten Zwang zu entziehen. Die Tatsache, dass der Interventionismus seine Ziele nicht erreicht, überzeugt seinen Befürworter jedoch nicht etwa von seiner Unmöglichkeit. Es bestärkt ihn vielmehr in seinem Eifer. Er fordert »weitergehende«, »bessere« und »innovativere« Interventionen:

> *»Daß das System schlecht funktioniert, schreibt er ausschließlich dem Umstande zu, daß die Gesetze nicht weit genug gehen und daß ihre Durchführung durch Korruption behindert wird. Gerade*

der Mißerfolg der Interventionspolitik bestärkt ihn in der Überzeugung, daß das Sondereigentum durch strenge Gesetze kontrolliert werden müsse. Die Korruption der mit der Ausführung der Staatsaufsicht betrauten Organe erschüttert nicht sein blindes Vertrauen in die Unfehlbarkeit und Makellosigkeit des Staates; sie erfüllt ihn nur mit moralischem Abscheu gegenüber den Unternehmern und Kapitalisten.«[29]

Greift der Staat in die Eigentumsrechte der Handelnden ein (etwa durch Besteuerung), so muss notwendigerweise die Produktionsleistung abnehmen. Die Kosten der Produktion steigen, Investieren wird weniger attraktiv. Zudem werden knappe Ressourcen von Produzenten hin zu Nichtproduzenten umverteilt, sodass die produktive Leistungsfähigkeit notwendigerweise weniger stark wächst (sie kann sogar abnehmen!) im Vergleich zu einer Situation, in der es keine Intervention gibt. Der Interventionismus ist folglich zweckwidrig. Er versucht, einen vermeintlichen »Überschuss«, den die einen erwirtschaften, den anderen zu übertragen. Dadurch aber untergräbt er notwendigerweise die Prozesse, die das Erzielen eines »Überschusses« überhaupt erst möglich machen. Der Interventionismus ist also im wahrsten Sinne des Wortes (selbst)zerstörerisch und kann daher nicht dauerhaft Bestand haben.

»Boom-and-Bust«

In *Theorie des Geldes und der Umlaufsmittel* erarbeitete Mises eine monetäre Konjunkturtheorie, die zu einem zentralen Element der Österreichischen Schule der Nationalökonomie geworden ist. Mises integrierte dazu drei bis dahin separierte Theorieansätze: (1) die Currency School, (2) die Zins- und Kapitaltheorie von Eugen von Böhm-Bawerk (1850–1914) und (3) die Theorie der Abweichung des Marktzinses vom »neutralen Zins«, wie sie Knut Wicksell (1851–1926) aufgestellt hatte. Mises erkannte, dass ein Ausweiten der Geldmenge durch Bankkreditvergabe, die nicht durch Ersparnis gedeckt ist (er bezeichnete diese Form des Bankkredits als »Zirkulationskredit«), eine ökonomisch und politisch schädliche Entwicklung in Gang setzt. Der Zirkulationskredit erhöht nicht nur die umlaufende Geldmenge, er senkt auch den Marktzins unter den natürlichen Zins, also den Zins, der sich eingestellt hätte, wenn das Kreditangebot nicht (künstlich) ausgeweitet worden wäre. Das künstliche Absinken des Marktzinses sorgt dafür, dass die Marktakteure aus ihrem laufenden Einkommen weniger sparen und mehr konsumieren, und gleichzeitig steigen die mit zusätzlichem Kredit und Geld finanzierbaren Investitionen. Das lässt die Volkswirtschaft in eine *Boom*-Phase einschwenken.

Die monetäre Nachfrage übersteigt nun aber das volkswirtschaftliche Ressourcenangebot, sodass früher oder später die Preise der laufenden Produktion und/oder der Vermögensgüter (Aktien, Häuser etc.) steigen. Der künstlich gesenkte Zins führt zu einer intertemporalen Verzerrung der Produktionsstruktur, die nicht mehr mit der gesellschaftlichen Zeitpräferenz in Einklang steht. Die Produktion wird zusehends »umwegsintensiver«: Knappe Ressourcen werden verstärkt in die Investitionsgüterproduktion (»Güter höherer Ordnung«) gelenkt zu Lasten der Produktion von Konsumgütern (»Güter erster Ordnung«). Die Marktakteure werden jedoch (früher oder später) zu ihrer gewünschten Relation zwischen Sparen, Investieren und Konsumieren zurückkehren (wollen). Das Sparangebot nimmt dann wieder ab, und der Marktzins steigt, bis er den natürlichen Zins wieder erreicht hat. Damit aber erweisen sich all die Investitionen, die durch den künstlich gesenkten Zins in Gang gesetzt wurden, als unprofitabel: Unternehmen erkennen, dass die Nachfrage nach Investitionsgütern (relativ zur Konsumgüterproduktion) überschätzt wurde. »Flop-Investitionen« müssen liquidiert werden, und Arbeitsplätze, die im Zuge des Booms geschaffen wurden, gehen verloren. Die Volkswirtschaft verfällt in einen *Bust*.

Mises' monetäre Konjunkturtheorie ruht auf einem praxeologischen Fundament: Fehlinvestitionen, Geldwertschwund, »Boom-and-Bust« (und vor allem auch eine an dieser Stelle nicht thematisierte Überschuldung) sind allesamt notwendige Folgen, wenn Banken die Geldmenge per Kredit ausweiten. Die Praxeologie identifiziert folglich das staatliche Geldangebotsmonopol, in dem staatliche Zentralbanken die Hoheit über die Geldproduktion innehaben und Geschäftsbanken neues Geld durch Kreditvergabe schaffen, als Kernursache von Finanz-

und Wirtschaftskrisen. Das staatlich beherrschte Geldwesen ist zwar nicht die einzige Ursache für Krisen, es verursacht aber notwendigerweise Krisen.

6. Wirtschaftswissenschaft auf Irrwegen

Der Positivismus-Empirismus-Falsifikationismus hat für die Zunft der Wirtschaftswissenschaftler, soweit sie in der staatlichen Besoldung steht, eine ganz besondere Attraktivität. Diese Attraktivität ist es auch, die die Praxeologie für den staatlich geführten wirtschaftswissenschaftlichen Lehr- und Forschungsbetrieb, vor allem aber für die (macht)politischen Eliten, zu einem »roten Tuch« macht. Diese Einschätzungen sollen im Folgenden erläutert werden.

Es ist üblich geworden, dass jeder Ökonom, der an einer Universität eine Anstellung finden will, nicht nur lehren, sondern auch forschen muss, also nicht nur zur Wissensverbreitung, sondern auch zur Wissensmehrung beitragen soll (und auch will). Wenn die Wirtschaftswissenschaft als »reine Theorie« praktiziert wird, ist das Erschaffen von neuem Wissen ein überaus schweres, ja mühseliges Unterfangen. Vieles Grundlegende ist ja schon erdacht und ausformuliert worden, sodass die Aussichten, der reinen Theorie etwas Gehaltvolles hinzuzufügen, für die meisten Ökonomen gering sein dürften. Nicht wenige Ökonomen würden, wenn sie in der reinen Theorie arbeiten müssten, vermutlich die Ziele, denen sie nachstreben und die ihnen der Wissenschaftsbetrieb vorgibt, nicht erreichen können. Sie wären bloßgestellt, nichts Wesentliches zur Wissensmehrung – der besonders prestigeträchtigen Form des akademischen Schaffens – beizutragen. Die Lehre des vorhandenen Wissens würde zum Schwerpunkt ihrer Tätigkeit – was zuweilen anstrengender, in jedem Falle aber wohl weniger prestigeträchtig ist als die Forschung.

Ganz anders hingegen sind die Beschäftigungs- und Profilierungsmöglichkeiten, wenn die Wirtschaftswissenschaft als Erfahrungswissenschaft verstanden und praktiziert werden kann. Gerade unter der Maßgabe des Positivismus-Empirismus-Falsifikationismus lässt sich eine wohl unerschöpfliche Zahl von (einkommensmehrenden) Forschungsprojekten erschließen, die sich recht einfach und mit wenig Aufwand durch ein routinemäßiges Anwenden von (immer neuen) statistischen Verfahren bewältigen lassen. Es lassen sich dann zum Beispiel statistische Untersuchungen über die Beziehung zwischen Geldmengenwachstum und der Inflation der Konsumgüterpreise anstellen, die in Land A für die Zeit 1970 bis 2012 zu beobachten waren. Danach lässt sich das Ganze für Land B, danach für Land C und so weiter durchführen. Und wenn diese Untersuchungen abgeschlossen sind, lassen sich die Beziehungen zwischen Geldmenge und Preisen für kürzere Zeiträume untersuchen, etwa für Land A und B und vielleicht auch noch für Land C. Und so weiter. Die Ergebnisse, die auf diese Weise gewonnen werden, lassen sich aber nur dann als Erkenntnisgewinne vorzeigen, wenn der Positivismus-Empirismus-Falsifikationismus als die »richtige« Ausrichtung der Wirtschaftswissenschaft akzeptiert wird. Der Anreiz für die Wirtschaftswissenschaftlicher, den Positivismus-Empirismus-Falsifikationismus hochzuhalten und ihn vor einer kritischen Beurteilung abzuschirmen, ist unverkennbar.

Ein weiterer Vorteil, der den Wirtschaftswissenschaftlern aus der Akzeptanz des Positivismus-Empirismus-Falsifikationismus erwächst, ist die zunehmende Aufgliederung der Wirtschaftswissenschaften in Teilbereiche, wie zum Beispiel Arbeitsmarktökonomik, Finanzwissenschaft, Institutionenökonomik, Umweltökonomik, Verkehrswissenschaft, Geld und Kredit und noch andere Spezialgebiete. Dies schafft (zusätzliche) Arbeits- und Profilierungsmöglichkeiten. Und wenn der Staat als (generöser) Hauptfinanzier für sich immer stärker spezialisierende wirtschaftswissenschaftliche Aktivitäten auftritt, kann er sich der Sympathie der Ökonomenzunft recht sicher sein. Doch nicht nur das. Bekanntermaßen wird das menschliche Handeln in letzter Konsequenz von Theorien getrieben. Aus diesem Grund ist gerade die Volkswirtschaftslehre in besonderem Maße (partei)politischer Einflussnahme ausgesetzt: Die Ideen, die sie hervorbringt, haben Breitenwirkung.[30] Mit ihnen lassen sich Politiken legitimieren oder auch de-legitimieren.

Politisch-ideologisch gefärbte Theorien (schein)legitimieren Parteiprogramme, lassen sie als »wünschenswert« und »gerecht« erscheinen, auch wenn sie in Wahrheit nur dazu dienen, einige wenige auf Kosten vieler anderer besserzustellen. Der Positivismus-Empirismus-Falsifikationismus, wenn er als Methodologie der Wirtschaftswissenschaft akzeptiert ist, kann sich nur zu leicht als Einfalltor erweisen, um den Ökonomen ihre Unbefangenheit zu nehmen.

Der Positivismus-Empirismus-Falsifikationismus ist nämlich inhärent relativistisch, skeptizistisch, nach dem Motto: Alles ist möglich, es gibt keine Gesetzmäßigkeit im menschlichen Handeln, die man nicht überwinden könnte. Wenn eine Theorie erfolgversprechend klingt, ermuntert das natürlich dazu, sie in der Praxis »auszuprobieren«. Wer die Wirtschaftswissenschaft als Erfahrungswissenschaft begreift, der wird keine grundsätzlichen Bedenken gegen ein solches »Experimentieren« haben. Er wird keine prinzipiellen Vorbehalte gegen folgende Politikempfehlungen vorbringen: Die Geldmenge muss ausgeweitet werden, damit Produktion und Beschäftigung zunehmen können. Oder: Die Zentralbank muss den Zins absenken, damit eine Rezession verhindert beziehungsweise überwunden wird. Oder: Staatliche Umverteilung schadet dem Wirtschaftswachstum nicht und sorgt für Gerechtigkeit. Oder: Es muss ein Mindestlohn eingeführt werden, um die Realeinkommen der Arbeitnehmer zu erhöhen. Wer wollte sich gegen diese wohlklingenden »Empfehlungen« stellen? Wer wollte nicht, dass die Güterversorgung verbessert wird, dass Krisen ausbleiben, dass es »gerechter« zugeht, dass die Einkommen der Arbeitnehmer steigen?

Doch aus praxeologischer Sicht lassen sich all diese Versprechungen als zweckwidrig, als schädlich entlarven. Und um zu dieser Erkenntnis zu gelangen, muss man die voranstehenden Maßnahmen gar nicht erst ausprobieren. Mit der Praxeologie kann man die Ergebnisse vorab mit Sicherheit wissen: Sie lassen sich aus der reinen Theorie schlussfolgern. Das erklärt natürlich auch die mitunter scharfe Ablehnung der Praxeologie seitens der (macht)politischen Interessengruppen. Mit der Praxeologie sind die politischen Heilsversprechen und die Privilegien, die der staatsfinanzierte Wirtschaftswissenschaftsbetrieb gewährt, eben nicht zu legitimieren. Die Praxeologie zeigt unmissverständlich und kompromisslos auf, was nationalökonomisch möglich ist und was nicht. Sie offenbart, dass es nicht nur in den Naturwissenschaften, sondern auch in der Volkswirtschaft Gesetzmäßigkeiten gibt, die der handelnde Mensch nicht ausschalten kann, Gesetzmäßigkeiten, an die er sein Handeln anzupassen hat, wenn bestimmte Ziele erreicht werden sollen. Die Praxeologie erreicht diese Erkenntnisse allein durch strenges Denken. Große und aufwendig zu finanzierende Wissenschaftsinstitutsapparate, Forschungsprojekte und Publikationszwänge in renommierten »Journals«, dem sich heute viele Ökonomen aussetzen, wenn sie in den akademischen Wirtschaftswissenschaftsbetrieb einsteigen und Erfolg haben wollen, sind dazu nicht erforderlich. Ja, aus Sicht der Praxeologie sind sie größtenteils nichts anderes als Verschwendung und Fehllenkung von Humankapital.

Mises wusste um die Kraft der Ideen: Es sind Ideen, die das menschliche Handeln bestimmen. Und dass aus eben diesem Grunde die Wirtschaftswissenschaft dem besonderen Versuch der Einflussnahme durch den Staat und die vom ihm begünstigten Interessengruppen ausgesetzt ist; und dass, wenn die Ökonomen den finanziellen Anreizen ausgesetzt werden, die der Staat bietet, sie leicht ihre persönliche und wissenschaftliche Unbefangenheit und Integrität verlieren können. Vermutlich würden viele Ausarbeitungen des etablierten Wirtschaftswissenschaftsbetriebs im freien Markt keinen Absatz finden. Angesichts dieser Überlegungen liegt die Vermutung nahe, dass sich irrtümliche Lehren – wie etwa der Positivismus-Empirismus-Falsifikationismus – nicht nur »zufällig«, sondern vor allem auch aufgrund von Eigeninteresse der Wissenschaftler verbreiten konnten. In solch einem Umfeld ist es für Anhänger des praxeologischen Lehr- und Forschungsprogramms natürlich schwierig, einflussreiche Positionen im Bildungsbetrieb zu erlangen. Mises erfuhr dies am eigenen Leib.

Wer die herrschende Lehre ablehnt, hat im wirtschaftswissenschaftlichen Betrieb einen schweren Stand. In seinen Erinnerungen schrieb er 1940:

»Man verbrennt die unbotmäßigen Nationalökonomen nur darum nicht, weil man wirksamere Mittel zur Unterdrückung der freien Meinungsäußerung kennt. Gesellschaftliche und wirtschaftliche Ächtung droht dem unabhängigen Geiste, das Entgegenkommen an die Wünsche der herrschenden Parteien wird aber reich belohnt. So ist die Luft, in der die Nationalökonomie zu wirken hat, geradezu vergiftet worden.«[31]

An der Wiener Universität blieb ihm eine ordentliche Professur versagt. Auch in den Vereinigten Staaten von Amerika, in die er vor den Nationalsozialisten 1940 geflüchtet war, gestaltete es sich schwierig für Mises, eine prestigeträchtige Lehrtätigkeit zu erlangen: Staatstragende und staatsvergrößernde Ideen hatten auch hier Hochkonjunktur. Schließlich erhielt er doch eine vom William Volker Fund finanzierte Stellung als permanenter »Visiting Professor« an der New York University Graduate School of Business. Dort begann Mises im Jahr 1949, jeden Donnerstagabend sein Seminar abzuhalten, bis er sich, zwanzig Jahre später, im Alter von 87 Jahren, von der Lehre zurückzog.

Wer die Bedeutung der »richtigen Theorie« in der Wissenschaft des menschlichen Handelns verinnerlicht hat, der muss mit großer Sorge erfüllt sein, wenn er sieht, dass sich die moderne Wirtschaftswissenschaft auf eine defizitäre, logisch-inkonsistente Methodologie eingelassen hat: den Positivismus-Empirismus-Falsifikationismus. Diese irrtümliche methodische Ausrichtung der Wirtschaftswissenschaft hat sicherlich einen ganz entscheidenden Beitrag geleistet, die Marktwirtschaft immer weiter zu kompromittieren, zu relativieren und zurückzudrängen zugunsten einer sich immer stärker ausdehnenden interventionistisch-sozialistischen Gesellschafts- und Wirtschaftsordnung. Mises wusste um die Bedeutung der praxeologischen Erkenntnisse – und auch der Schäden, die entstehen, wenn sie ignoriert werden:

»Mit dem Schicksal der Nationalökonomie ist das Geschick der modernen Kultur, wie sie die Völker weisser europäischer Rasse seit zweihundert Jahren ausgebaut haben, unlösbar verknüpft. Diese Kultur konnte entstehen, weil die Völker von Ideen beherrscht

wurden, die die Anwendung der Lehren der Nationalökonomie auf die Politik darstellten. Sie wird und muss verschwinden, wenn die Politik auf den Wegen, die sie unter dem Einfluss der die Nationalökonomie bekämpfenden Lehren eingeschlagen hat, weiterschreiten sollte.«[32]

Anmerkungen

1 Kant (1992), *Über den Gemeinspruch: …*, S. 24.

2 Mises (1940), *Nationalökonomie,* S. 146.

3 Mises (1940), *Nationalökonomie,* S. 39.

4 Siehe hierzu grundsätzlich etwa Poser (2001), *Wissenschaftstheorie.*

5 Siehe zum Beispiel Jevons (1888), *Elementary Lessons in Logic,* S. 1: »The laws of thought are natural laws with which we have no power to interfere, and which are of course not to be in any way confused with the artificial laws of a country, which are invented by men and be altered by them.« Hierzu auch Cohen, Nagel (2002), *An Introduction To Logic And Scientific Method,* S. 181–185.

6 Siehe hierzu Popper (1994), *Erkenntnis durch Versuch und Irrtum,* S. 15–22.

7 Für eine eingehende Kritik siehe Hoppe (2006), *The Economics and Ethics of Private Property,* S. 265–294 (On Praxeology and the Praxeological Foundation of Epistemology) sowie S. 347–379 (Austrian Rationalism in the Age of the Decline of Positivism).

8 Eine aufschlussreiche Darstellung findet sich bei Hartwig (1977), *Kritisch-rationale Methodologie und ökonomische Forschungspraxis.*

9 Siehe Popper (2002), *The Logic of Scientific Discovery,* S. 54–56; Popper bedient sich zur Rechtfertigung des »Modus Tollens«.

10 Wie sehr Popper der Grundausrichtung des Empirismus-Skeptizismus anhängt, zeigt folgendes Zitat (Popper, 2012, Ausgangspunkte, S. 81): »Unsere Theorien sind unsere Erfindungen. […] Sie sind nie mehr als kühne Vermutungen, Hypothesen. Aus diesen erschaffen wir eine Welt: nicht die wirkliche Welt, sondern Modelle; von uns gemachte Netze, mit denen wir die wirkliche Welt einzufangen versuchen.« Nach Hoppe ist Popper sogar der Wegbereiter für den Positivismus-Empirismus-Falsifikationismus in den (Sozial-)Wissenschaften (Hoppe, 2012, The Great Fiction, Fußnote 30, S. 286 (*In Defense of Extreme Rationalism*)): »In fact, it is only fair to say that it is Popper who contributed more than anyone else to persuading the scientific community of the modernistic, empiricist-positivist worldview. In particular, it should be emphasized that it was Popper who is responsible for Hayek's and Robbins' increasing deviation from their originally much more Misesian methodological position.«

11 Menger (1883), *Untersuchungen …*, S. 12 f.

12 Der Beziehung zwischen Theorie und Geschichte war Mises' letztes Buch gewidmet: *Theory and History,* das er im Jahr 1957 veröffentlichte.

13 Siehe hierzu zum Beispiel Höffe (2004), *Immanuel Kant,* S. 57–63.

14 So Gerhardt (2002), *Immanuel Kant, Vernunft und Leben,* S. 150.

15 Siehe hierzu zum Beispiel Mises (1940), *Nationalökonomie,* S. 19–20.

16 Siehe Zum Beispiel Hoppe (2007), »Praxeology and Economics Science«, in: *Economic Science and the Austrian Method,* Ludwig von Mises Institute, Auburn, US Alabama, insb. S. 17–21.

17 Menger (1871), *Grundsätze der Volkswirthschaftslehre,* S. 1.

18 Für Kant war die Zeit a priori. Siehe hierzu Kant (1968), *Kritik der reinen Vernunft,* I. Transzendentale Elementarlehre, Erster Teil, Zweiter Abschnitt, Von der Zeit, S. 94–105.

19 Mises (1940), *Nationalökonomie,* S. 89–90.

20 Eine wichtige Aufsatzsammlung hierzu findet sich in Herbener (2011), *The Pure Time-Preference Theory of Interest.*

21 Siehe hierzu Mises (2008), *Human Action,* XIX. The Rate of Interest, S. 521–534; und Rothbard (2001), Man, Economy, and State, Kapitel 6, Production: The Rate of Interest and Its Determination, S. 311–S. 332.

22 Menger (1871), *Grundzüge der Volkswirthschaftslehre,* S. 259 – 260; im Original tatsächlich »hiebei«.

23 Mises (1912), *Theorie des Geldes und der Umlaufsmittel,* S. 57. Und weiter: »Man verkennt die Grundprinzipien der gesellschaftlichen Organisation unserer Zeit, wenn man dem Staate die Macht zuschreibt, dem Tauschverkehre Gesetze zu diktieren.«

24 Hülsmann (2007), *Die Ethik der Geldproduktion,* S. 200.

25 Siehe hierzu z. B. Rothbard (2006), *For A New Liberty,* S. 30 ff.

26 Siehe hierzu Hoppe (2006), *The Economics and Ethics of Private Property,* S. 339–345 (On the Ultimate Justification of the Ethics of Private Property).

27 Siehe hierzu zum Beispiel Rothbard (2006), *For A New Liberty,* S. 267–299 (The Public Sector, III: Police, Law, and the Courts); auch Hoppe (2012), *The Great Fiction,* S. 173–198 (The private production of Defense).

28 Mises (1976), *Kritik des Interventionismus,* S. XI.

29 Mises (1976), *Kritik des Interventionismus,* S. 15.

30 Zu der Rolle der »Intellektuellen« siehe Hoppe (2012), *Wettbewerb der Gauner,* insb. S. 16–22; auch Hayek (1960), *The Intellectuals and Socialism.*

31 Mises (1940), *Nationalökonomie,* S. 742–743.

32 Mises, *Nationalökonomie,* S. 7.

Literatur- und Quellenverzeichnis

Bagus, Ph. (2013). *Die Allmächtige oder Die Rettungsspirale dreht sich und dreht sich.* Hauptstadtbrief Nr. 113, Februar 2013, S. 12–14.

Bastiat, F. (1863). »Gratuité du crédit« *Œuvres complètes.* Bd. V, S. 94–335. Paris: Guillaumin.

Böhm-Bawerk, E. von (1921). *Kapital und Kapitalzins.* 4. Aufl., Jena: Fischer.

Cannan, E. (1925). *The Paper Pound of 1797–1821.* London: King & Son.

Cohen, M. R. & Nagel, E. (2002). *An Introduction To Logic And Scientific Method.* Simon Publications: New York.

Craver, E. (1987). The Emigration of Austrian Economists, in: *History of Political Economy* 18/1987.

Enfantin, B.-P., Carnot, H., Fournel H. & Duveyrier, Ch. (1831). *Doctrine de Saint-Simon: Exposition. Première année. 1828–1829.* 3. Aufl., Paris: Bureau de l'Organisateur.

Friedman, M. (1953 [1966]). The Methodology of Positive Economics. In: *Essays In Positive Economics*, pp. 3-16, 30-43. Chicago: Univ. of Chicago Press.

Friedman, M. (1948) A Monetary and Fiscal Framework for Economic Stability, in: *American Economic Review*, 6/1948.

Gerhardt, V. (2002), *Immanuel Kant, Vernunft und Leben.* Stuttgart: Reclam.

Hahn, A. (1949). *The Economics of Illusion.* New York: New York Institute of Finance.

Hahn, A. (1920). *Volkswirtschaftliche Theorie des Bankkredits.* Tübingen: Mohr.

Hartwig, K.-H. (1977). *Kritisch-rationale Methodologie und ökonomische Forschungspraxis, Zum Gesetzesbegriff in der Nationalökonomie.* Frankfurt am Main, Bern, Las Vegas: Peter Lang.

Hayek, F. A. von (1960). *The Intellectuals and Socialism*, wiederabgedruckt in George B. de Huszar (Hrsg.). *The Intellectuals: A Controversial Portrait* (S. 371–384). Glencoe Illinois: the Free Press.

Hayek, F. A. 1931. *Prices and Production.* London: Routledge.

Herbener, J. (1991). Ludwig von Mises and the Austrian School of Economics, in: *Review of Austrian Economics,* Vol. 5, 2, 1991.

Herbener, J. M. (2011). *The Pure Time-Preference Theory of Interest,* Hrsg. Jeffrey M. Herbener. Auburn, US Alabama: Ludwig von Mises Institute.

Hilferding, R. (1947 [1910]). *Das Finanzkapital.* Berlin: Dietz.

Höffe, O. (2007). *Immanuel Kant.* München: C. H. Beck.

Hoppe, H.-H. (1993)., F. A. Hayek on Government and Social Evolution. A Critique, in: *Review of Austrian Economics,* Vol. 7, 2, 1993.

Hoppe, H.-H. (2006). *Democracy, The God That Failed, The Economics and Politics of Monarchy, Democracy, and Natural Order.* New Brunswick, London: Transaction Publishers.

Hoppe, H.-H. (2006). *The Economics and Ethics of Private Property, Studies in Political Economy and Philosophy,* 2. Aufl., Auburn, Alabama: Ludwig von Mises Institute.

Hoppe, H.-H. (2012). *Der Wettbewerb der Gauner, Über das Unwesen der Demokratie und den Ausweg in die Privatrechtsgesellschaft.* Berlin: Holzinger.

Hoppe, H.-H. (2012). *The Great Fiction, Property Economy, Society, and the Politics of Decline.* Baltimore: Laissez Faire Books.

Hülsmann, J. G. (Hrsg.) (2012). *Theory of Money and Fiduciary Media.* Auburn, Alabama: Ludwig von Mises Institute.

Hülsmann, J. G. (2007). *Die Ethik der Geldproduktion.* Waltrop: Edition Sonderwege bei Manuscriptum.

Hülsmann, J. G. (2007). *Mises – The Last Knight of Liberalism.* Auburn, Alabama: Ludwig von Mises Institute.

Jevons, W. S. (1888), *Elementary Lessons in Logic; Deductive and Inductive.* London, New York: Macmillan and Co.

Kant, I. (1968). *Kritik der Reinen Vernunft.* Stuttgart: Philipp Reclam Jun.

Kant, I. (1992). *Über den Gemeinspruch: Das mag in der Theorie richtig sein, taugt aber nicht für die Praxis.* Hrsg. J. Ebbinghaus, 5. Aufl., Frankfurt a. M.: Klostermann.

Keynes, J. M. (1936). *General Theory of Employment, Interest, and Money.* London: Macmillan.

Keynes, J. M. (1914). Rezension von Mises »Theorie des Geldes und der Umlaufsmittel« in: *Economic Journal* XXIV, 417–419.

Macleod, H. D. (1889). *The Theory of Credit.* London: Longmans, Green & Co.

Macleod, H. D. (1856). *The Theory and Practice of Banking.* London: Longman, Brown Green, and Longmans.

Marx, K. & Engels, F. (1848). *Manifest der kommunistischen Partei.* London: Bildungs-Gesellschaft für Arbeiter.

Menger, C. (1909). »Geld« in: *Handwörterbuch der Staatswissenschaften.* 3. Aufl., Neudruck in: *Gesammelte Werke* (1968), hg. von F. A. Hayek. Bd. IV, S. 1–124. Tübingen: Mohr.

Menger, C. (1871). *Grundsätze der Volkswirthschaftslehre. Erster, Allgemeiner Theil.* Wien: Wilhelm Braumüller, K. K. Hof- und Universitätsbuchhändler.

Menger, C. (1883). *Untersuchungen über die Methode der Sozialwissenschaften und der Politischen Ökonomie insbesondere*. Leipzig: Duncker & Humblot.

Mises, L. v. (1902). Die Entwicklung des gutsherrlich-bäuerlichen Verhältnisses in Galizien (1772–1848) in: *Wiener Staatswissenschaftliche Studien*. 4. Bd., 2 Hft. Wien: Franz Deuticke.

Mises, L. v. (1912). *Theorie des Geldes und der Umlaufsmittel* (1. Aufl.). Leipzig: Duncker & Humblot.

Mises, L. v. (1919) *Nation, Staat und Wirtschaft* . Wien: Manz.

Mises, L. v. (1920). Die Wirtschaftsrechnung im sozialistischen Gemeinwesen. *Archiv für Sozialwissenschaft und Sozialpolitik 47*, 86–121.

Mises , L. v. (2005 [1924]). *Theorie des Geldes und der Umlaufsmittel.* Neudruck der 2. Aufl., Berlin: Duncker & Humblot.

Mises, L. v. (1928). *Geldwertstabilisierung und Konjunkturpolitik*. Jena: Fischer.

Mises, L. v. (1929). *Die Kritik des Interventionismus*. Jena: Gustav Fischer.

Mises, L. v. (1933). *Grundprobleme der Nationalökonomie. Untersuchungen über Verfahren, Aufgaben und Inhalt der Wirtschafts- und Gesellschaftslehre*. Jena: Gustav Fischer.

Mises, L. v. (1940), *Nationalökonomie. Theorie des Handelns und Wirtschaftens*. Genf: Edition Union Genf.

Mises, L. v. (1947). *Planned Chaos*. New York: Foundation for Economic Education

Mises , L. v. (1998 [1949]). *Human Action*. Auburn, Alabama: Ludwig von Mises Institute.

Mises, L. v. (1978). *Erinnerungen von Ludwig v. Mises*. Stuttgart, New York: Gustav Fischer.

Mises, L. v. (1981). *Theory of Money and Credit.* Indianapolis: Liberty Fund.

Mises, L. v. (2006). *Theory and History*. Auburn, Alabama: Ludwig von Mises Institute.

Mises, L. v. (2008). *Human Action. A Treatise on Economics, The Scholar's Edition*. Auburn, Alabama: Ludwig von Mises Institute.

Mises, L. v. (2004). *Die Bürokratie*. St. Augustin: Akademia Verlag.

Mises, L. v. (2008). Profit and Loss, in: *Planning for Freedom*. Auburn, Alabama: Ludwig von Mises Institute.

Mises, M. v. (2011). *My Years with Ludwig von Mises*. Auburn, Alabama: Ludwig von Mises Institute.

Pallas, C. (2004). *Ludwig von Mises als Pionier der modernen Geld- und Konjunkturlehre*. Marburg: Metropolis.

Popper, K. R. (1994), Erkenntnis durch Versuch und Irrtum, aus: K. R. Popper, *Alles Leben ist Problemlösen. Über Erkenntnis, Geschichte und Politik*. München: Piper.

Popper, K. R. (2002). *Conjectures and Refutations*, Routledge. London, New York: Routledge.

Popper, K. R. (2009). *The Logic of Scientific Discovery*. London, New York: Routledge.

Popper, K. R. (2012). *Ausgangspunkte*. Tübingen: Mohr Siebeck.

Poser, H. (2001). *Wissenschaftstheorie. Eine philosophische Einführung*. Stuttgart: Philipp Reclam Jun.

Raico, R. (1981). The Legacy of Ludwig von Mises, in: *The Libertarian Review*, 9/1981.

Ricardo, D. (1951–73). *Works and Correspondence*. Bd. IV. Cambridge: Cambridge University Press.

Robbins, L. (1932). *The Nature and Significance of Economic Science*. London: Macmillan.

Rothbard, M. N. (1992). *The Present State of Austrian Economics*, Working Paper. Auburn, Alabama: Ludwig von Mises Institute.

Rothbard, M. N. (1998). *The Ethics of Liberty*. New York, London: New York University Press.

Rothbard, M. N. (2001). *Man, Economy, and State, A Treatise on Economic Principles*. Auburn, Alabama: Ludwig von Mises Institute.

Rothbard, M. N. (2006). *For A New Liberty. The Libertarian Manifesto*. Auburn, Alabama: Ludwig von Mises Institute.

Schumpeter, J. A. (1911). *Theorie der wirtschaftlichen Entwicklung*. Leipzig: Duncker & Humblot.

Smith, A. (2013 [1776]). *Der Wohlstand der Nationen*. 13. Aufl., München: dtv.

Smith, V. C. (1990 [1936]). *The Rationale of Central Banking*. Indianapolis: Liberty Fund.

Salerno, J. (1990). Ludwig von Mises as Social Rationalist, in: *Review of Austrian Economics*, Vol. 4/1990.

Thornton, H. (1939 [1802]). *An Inquiry Into the Nature and Effects of the Paper Credit of Great Britain*. London: London School of Economics.

Wicksell, K. (1898). *Geldzins und Güterpreise*. Jena: Fischer.

Über die Autoren

Thorsten Polleit ist seit April 2012 Chefvolkswirt der Degussa Goldhandel GmbH. Zuvor war er 12 Jahre als Ökonom im internationalen Investment-Banking in London, Amsterdam und Frankfurt tätig. Seit 2003 ist Thorsten Polleit Honorarprofessor an der Frankfurt School of Finance, Frankfurt. Er ist zudem Adjunct Scholar am Ludwig von Mises Institute, Auburn, Alabama, USA. Seit Oktober 2012 ist Thorsten Polleit Präsident des Ludwig von Mises Institut Deutschland. Die private Website von Thorsten Polleit ist: www.thorsten-polleit.com.

Hans-Hermann Hoppe, Philosoph und Volkswirt, ist einer der führenden Vertreter der Österreichischen Schule der Ökonomie und zählt zu den bedeutendsten Sozialwissenschaftlern der Gegenwart. Er lehrte von 1986 bis zu seiner Emeritierung 2008 an der University of Nevada, Las Vegas, USA. Er ist Distinguished Fellow des Ludwig von Mises Institute in Auburn, Alabama, USA, und Mitglied im wissenschaftlichen Beirat des Ludwig von Mises Institut Deutschland. Hoppe lehrt und hält Vorträge weltweit. Seine Schriften sind in mehr als zwanzig Sprachen übersetzt worden. Er ist Gründer und Präsident der Property and Freedom Society und lebt heute als Privatgelehrter in Istanbul. Weitere Informationen auf www.hanshoppe.com und www.propertyandfreedom.org. Zu seinen Büchern gehören u. a. *Die Kritik der kausalwissenschaftlichen Sozialforschung*, *Eigentum, Anarchie und Staat*, *A Theory of Socialism and Capitalism*, *The Economics and Ethics of Private Property*, *The Myth of National Defense*, *Demokratie. Der Gott, der keiner ist*, *Der Wettbewerb der Gauner* und *The Great Fiction: Property, Economy, Society, and the Politics of Decline.*

Jörg Guido Hülsmann ist Ordinarius für Volkswirtschaftslehre an der Universität Angers, Senior Fellow des Ludwig von Mises Instituts in Auburn, Alabama, Mitglied der Europäischen Akademie für Wissenschaften und Künste sowie Mitglied im wissenschaftlichen Beirat des Ludwig von Mises Institut Deutschland. Seine wichtigsten Forschungsgebiete sind die Geldtheorie, die Kapitaltheorie und Finanzmärkte. Aktuelle Buchveröffentlichungen: *Theory of Money and Fiduciary Media* (Mises Institute, 2012), *Krise der Inflationskultur«* (Finanzbuch-Verlag, 2013). Internetpräsenz: www.guidohulsmann.com.

Philipp Bagus ist Professor für Volkswirtschaft an der Universidad Rey Juan Carlos in Madrid sowie Mitglied im wissenschaftlichen Beirat des Ludwig von Mises Institut Deutschland. Zu seinen Forschungsschwerpunkten Geld- und Konjunkturtheorie veröffentlichte er in internationalen Fachzeitschriften wie Journal of Business Ethics, Independent Review, American Journal of Economics and Sociology u. a. Er ist Autor eines Buches zum isländischen Finanzkollaps (*Deep Freeze: Iceland's Economics Collapse* mit David Howden). Sein Buch *Die Tragödie des Euro* erscheint in dreizehn Sprachen. Internetpräsenz: www.philippbagus.com.

Der Fluch des Papiergeldes

Thorsten Polleit

Weltweit pumpen die Staaten massiv Liquidität in den Wirtschaftskreislauf. Ein fataler Fehler, warnt Thorsten Polleit. Er befürchtet, dass unser Geld künftig deutlich an Wert verlieren wird. Wenn sich nichts ändert, drohe sogar eine Währungsreform. Als einen wichtigen Grund dafür benennt er das Papiergeldsystem, durch das sich die Staaten jederzeit neue Mittel beschaffen können, ohne dabei Kredite aufnehmen zu müssen.

Diese Einsichten, die insbesondere auf den Lehren der Österreichischen Schule der Nationalökonomie fußen, haben das ökonomische Denken von Thorsten Polleit und seine Schriften in den letzten Jahren immer stärker geprägt.

144 Seiten | Hardcover | 14,99 € (D) | ISBN 978-3-89879-671-2
Mehr Informationen zu Finanzthemen finden Sie unter www.tradersjournal.de

Krise der Inflationskultur

Jörg Guido Hülsmann

Da heute keine einzige Währung mehr eine Anbindung an Gold oder Silber hat, ist die Geldschöpfung durch die Zentralbanken und Geschäftsbanken praktisch unbegrenzt. Viele Ökonomen sehen diese neue Freiheit als einen großen zivilisatorischen Fortschritt, Hülsmann und die Ökonomen der Österreichischen Schule bewerten diese Entwicklung kritisch.

Er charakterisiert die grundlegende Bedeutung des Sparens und erklärt, warum es nicht durch Geldschöpfung ersetzt werden kann. Er zeigt auf, dass die Verstaatlichung der Geldordnung dem Staat zugleich den Zugriff auf das Vermögen seiner Bürger erleichtert und erläutert, welche wirtschaftlichen und kulturellen Folgen sich aus den prinzipiell unbegrenzten Geldschöpfungsmöglichkeiten der Zentralbanken ergeben.

320 Seiten | Hardcover | 17,99 € (D) | ISBN 978-3-89879-797-9
Mehr Informationen zu Finanzthemen finden Sie unter www.tradersjournal.de